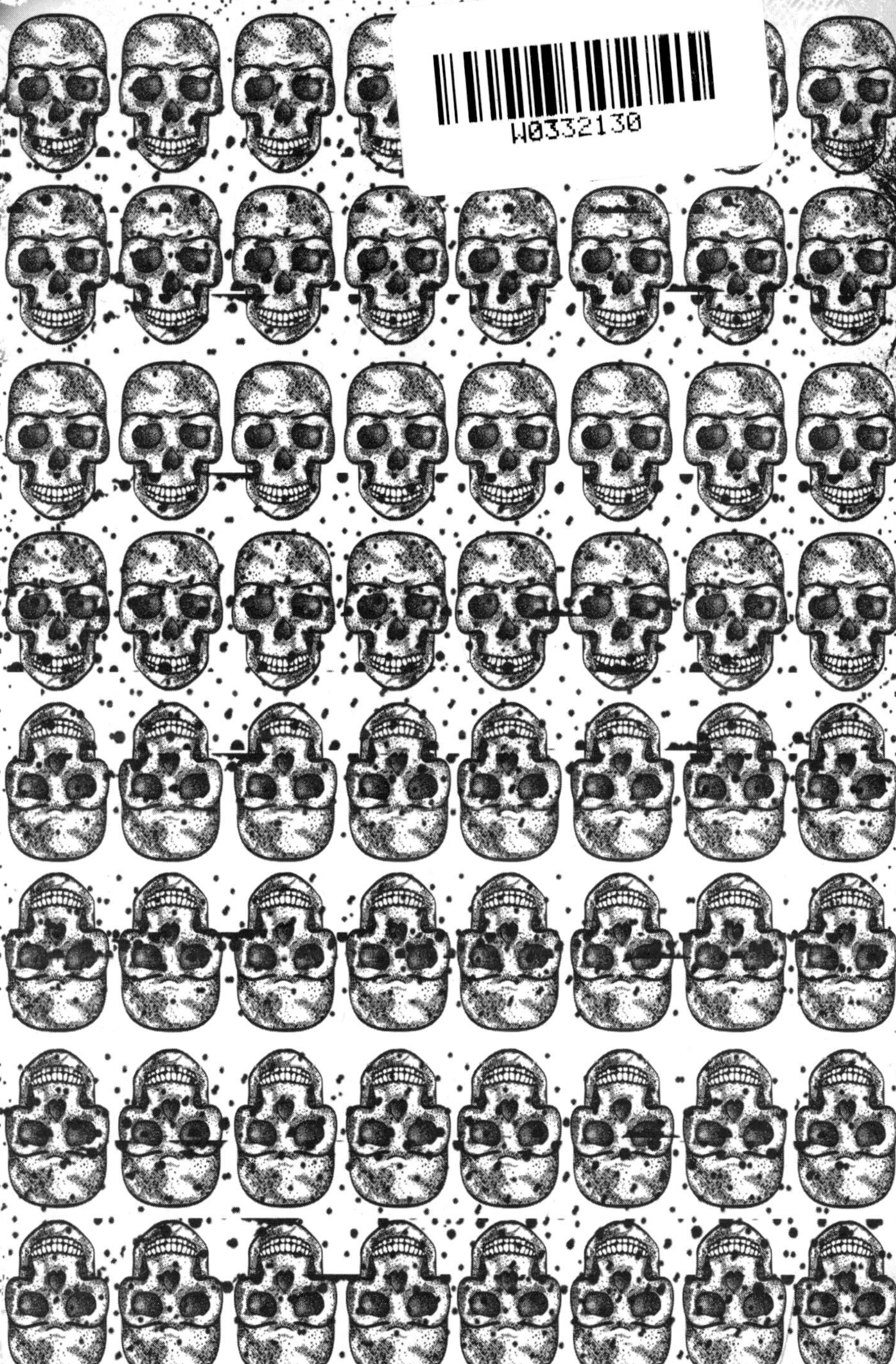

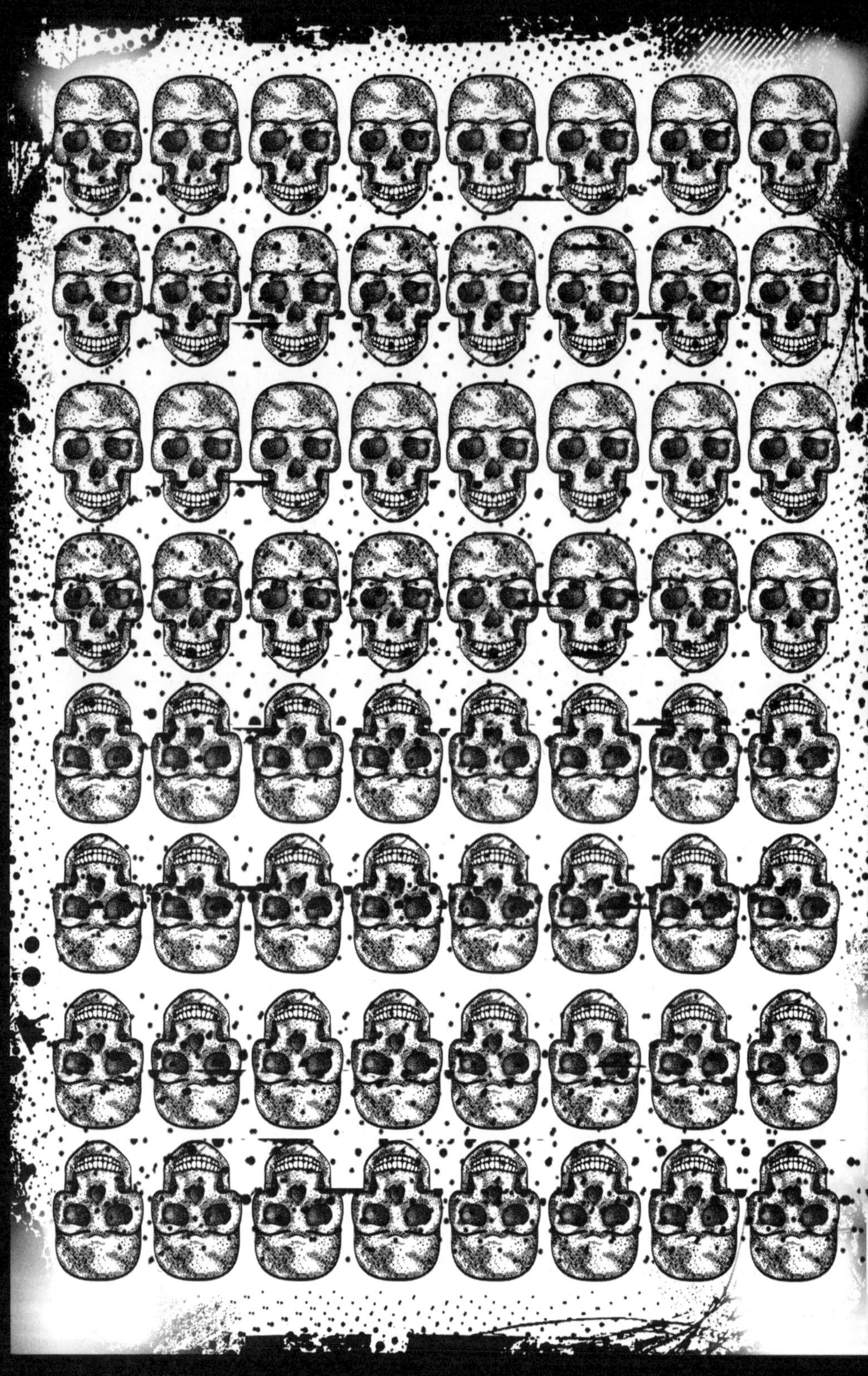

LES ARISTOS
DU CRIME

FOLLE HISTOIRE
n° 1

Sous la direction de Bruno Fuligni

LES ARISTOS DU CRIME

Dessins de Daniel Casanave

ÉDITIONS | PRISMA

Illustration de couverture : © Supplément illustré du Petit Journal n° 423, janvier 1898 / © B. Fuligni
Illustrations : collection particulière, à l'exception de la photo page 79
Coordination éditoriale : Ambre Rouvière
Édition et correction : Nord Compo Multimédia
Mise en page : Nord Compo Multimédia
Graphisme de couverture : Nord Compo Multimédia

ISBN : 978-2-8104-1346-1
Dépôt légal : octobre 2014 – N° d'impression : 1408.0281

Cet ouvrage a été imprimé en France par Aubin Imprimeur sur un papier 100 % recyclé.

LE DUC DE GUICHE & LE COMTE DE LA CARRUCHE

Bruno Fuligni

Gueux, tire-laines, vide-goussets, malandrins et autres scélérats de l'ancienne France ne craignaient guère l'aristocratie. Pour tout dire, ils avaient la leur : au royaume d'Argot, le Grand Coësre régnait tel un souverain, flanqué de ses « cagoux » ou « ducs », secondés par les « archisuppôts », redoutables vassaux qui prélevaient l'impôt sur le produit des vols et le revenu des « marquises », ainsi qu'on dénommait les prostituées.

La destruction de la Cour des Miracles, à partir de 1667, a dispersé cette organisation féodale et hiérarchisée, qui a mis quelque temps à se reconstituer de manière moins formelle sous le nom de « Mitan » ou Milieu.

Marquis ou paysan, celui qui n'en faisait point partie n'était qu'un « pantre », un naïf et peut-être une future victime. Quant aux bandits, ceux-là ne connaissaient que deux grands noms capables de les faire trembler : le duc de Guiche et le comte de La Carruche.

La Carruche, en langage d'Argot, c'est la « carre », le « trou », la prison, et peut-être aussi la « carrée », la chambre dont on ne peut sortir : le comte du même nom était donc le gardien de prison, tandis que son supérieur, le duc de Guiche, désignait le directeur de l'établissement pénitentiaire, par un inventif amalgame du duc de Guise et du « guichet » de la taule…

Longtemps le duc de Guiche et le comte de La Carruche ne virent passer dans leurs forteresses que des gens de basse condition. La Révolution française leur amena d'un coup la fine fleur de la noblesse, emprisonnée pour raisons politiques : tout aristocrate devenait, par nature, un criminel. « Les Cours sont l'atelier du crime, le foyer de la corruption et la tanière des tyrans », proclamait alors l'abbé Grégoire à la Convention, le 21 septembre 1792.

C'est enfin à l'époque romantique qu'on rêva d'introduire un authentique aristo dans les lacis des bas-fonds, pour y prendre la tête d'une bande unifiant les deux franges extrêmes de la société, les plus éloignées de l'ordre bourgeois. Le prince Rodolphe des Mystères de Paris, *inventé par Eugène Sue, prend la suite du légendaire Milord l'Arsouille, que la rumeur publique voulait à tout prix incarner en le très correct lord Seymour.*

Au-delà de ces figures mythiques, pourtant, l'Histoire a retenu les noms de quelques criminels de haut rang, bien réels, qui compromirent leur blason dans de sombres affaires de mort violente et d'or mal acquis.

La fonction traditionnelle de l'aristocratie d'ailleurs, à côté de ceux qui travaillent et de ceux qui prient, consiste à se battre et à verser le sang. Pour la gloire, normalement, de Dieu et du roi : princes, ducs, comtes, marquis, barons, chevaliers, les uns authentiques et certifiés sur parchemin, les autres arborant des titres plus frelatés, ils furent quelques-uns à batailler pour eux-mêmes.

CHAPITRE Ier

LE GOTHA DES ASSASSINS

Le criminel le plus célèbre du monde était peut-être un aristo. Jack l'Éventreur en effet, qui laissa derrière lui les corps éviscérés d'au moins sept prostituées, sans compter quelques assassinats non homologués de cette même et mémorable année 1888, a donné lieu à bien des théories dont la plus audacieuse conclut à la culpabilité du prince Eddy, duc de Clarence et petit-fils de la reine Victoria.

Cette thèse ne repose il est vrai que sur des présomptions, et sur la mise en cause du prince dans une affaire de mœurs à la même époque, mais les amateurs de sang bleu se consoleront en trouvant aussi dans la liste des suspects sir William Gull, baronnet, le propre médecin de Sa Majesté, si habile en l'art de la dissection…

Ces figures éminentes, plus intéressantes pour les scénaristes que les veules maniaques de Whitechapel, nous rappellent la nature intrinsèquement aristocratique de l'assassinat, qu'il importe de bien distinguer du meurtre. Avec ce qu'il faut de préméditation et de perversité, l'assassin ne se contente pas de mettre fin à une ou plusieurs vies humaines : il lègue aux générations futures un récit, une énigme et pour tout dire une œuvre élaborée qui aura ses amateurs et ses imitateurs. C'est ce que nous dit Thomas de Quincey dans ce livre grinçant entre tous, De l'assassinat considéré comme un des beaux-arts, *dont la première mouture paraît en 1827. De Caïn jusqu'au temps des*

croisades, explique-t-il, nul progrès, nulle beauté. C'est au Vieux de la Montagne et à sa société secrète des Assassins que vient d'Orient « l'éclatante lumière » du crime esthétique, goûté des amateurs.

De ces tueurs racés, trop raffinés sans doute pour s'abaisser aux misérables ruses des escarpes, beaucoup ont fini par tomber sous le joug d'une police plébéienne et d'une justice populacière, qui ne surent reconnaître leurs mérites : pour un Jack l'Éventreur qui se dérobe dans l'épais manteau gris du smog londonien, quelques chourineurs de grand style ont eu l'honneur d'un procès, d'un supplice et d'une solide historiographie.

GILLES DE MONTMORENCY-LAVAL DIT GILLES DE RAIS (1404-1440)

LE PREMIER TUEUR EN SÉRIE

Frédéric Chef

Gilles de Rais, seigneur de Bretagne, voit le jour au château de Champtocé-sur-Loire, sans doute en 1404. Après avoir failli être marié à une fillette de quatre ans, il enlève sa cousine Catherine et la prend pour femme, en dépit du caractère incestueux de ces épousailles. L'Église refuse de bénir cette union avant de se raviser. La dot est fructueuse pour le jeune seigneur qui opère une véritable annexion territoriale, régnant sur une large partie du Bas-Poitou et du Maine. Figure de la guerre de Cent Ans, il combat aux côtés de Jeanne d'Arc après avoir repoussé l'Anglais en pays manceau. Il accompagne la Pucelle et Charles VII d'Orléans à Reims. Lors du sacre, c'est lui qui porte la Sainte Ampoule ; on le fait maréchal de France. À la mort de Jeanne, il revient en sa terre, dilapide ses innombrables richesses en prodigalités, faste et autres débauches. Ruiné, il pratique l'alchimie, invoquant les démons pour renflouer ses caisses. À l'aide de cornues, mortiers et tisonniers, Gilles de Rais est persuadé de pouvoir changer les plus vils matériaux en or et affirme : « Je suis changé par Dieu en Dieu. »

Ayant aliéné des terres hors de la juridiction de Bretagne, il porte atteinte aux majestés ducale et divine, si bien qu'il encourt l'excommunication. Privé de ressources, le maréchal s'adonne en vain à l'alchimie, vendant, pour renflouer ses caisses, fiefs et seigneuries. Dans le même temps, de nombreux enfants se volatilisent autour du château de Machecoul. Des rumeurs courent, selon lesquelles le maréchal se serait rendu coupable de viols et de pacte avec le Diable. On mène l'enquête. En 1440, les faits pour lesquels son nom figure dans l'histoire du crime sont avérés. Un tribunal ecclésiastique le condamne pour hérésie, sodomie et meurtres sur « plusieurs petits enfants, non pas seulement dix, ni vingt, mais trente, quarante, cinquante, soixante, cent, deux cents et plus, en sorte qu'on ne pourrait faire au juste la déclaration du nombre ».

Le jugement du tribunal est prononcé le 25 octobre : Gilles de Rais est excommunié pour « apostasie hérétique [...], évocation des démons [...], crime et vice contre-nature avec des enfants de l'un et de l'autre sexe selon la pratique sodomite ». La sentence est un véritable camouflet pour sa foi de chrétien et, pour sauver son âme, sans doute, l'infanticide se repent durant le procès. Le monstre satanique honni par la foule se métamorphose en « saint pécheur ». On pleure dans les chaumières.

La cour reproche à ce tueur en série la bagatelle de cent quarante meurtres. Les innocentes victimes refusaient de lui livrer le secret de la fabrication de l'or. Cœurs, main et sang prélevés sur les enfants n'y changeaient rien. Gilles de Rais est condamné à être pendu, puis brûlé. Le tribunal lui accorde cette faveur : son corps ne sera pas entièrement détruit par les flammes, pour être conservé dans une châsse. Il sera exécuté avant ses complices pour les « exhorter de la sorte à bien mourir », aussi. Pour sa part, le tribunal civil condamne l'accusé à cinquante mille écus pour félonie envers le duc de Bretagne.

Juste avant d'être pendu, Gilles de Rais s'agenouille dans l'herbe, devant la foule venue en interminable procession le voir danser au bout d'une corde. Le monstre, mains jointes, élève sa prière vers le ciel : « Ô Dieu, je vous demande pardon. Ne me punissez pas selon mes péchés, mais selon votre indulgence infinie. » Puis, s'adressant à tous ces hommes et femmes qui l'observent en silence, il poursuit d'une voix ferme : « Je suis votre frère à tous et je suis chrétien. Je vous demande, même à ceux dont j'ai tué naguère les enfants innocents, de prier pour moi, au nom de la Passion de Notre Seigneur, de me pardonner de bon cœur, comme vous entendez vous-mêmes obtenir le pardon de Dieu. »

Ses restes seront probablement jetés dans la Loire durant la Révolution. Les pages de l'histoire s'ornent de commentaires sanguinolents qui excitent les passions. Jules Michelet, dans son *Histoire de France*, se berce de cruauté au sujet de Gilles de Rais : « Il jouissait de la mort, encore plus de la douleur ; d'une chose si cruellement sérieuse, il avait fini par se faire un passe-temps, une farce ; les cris déchirants, le râle flattaient son oreille ; les grimaces de l'agonisant le faisaient pâmer de rire ; aux dernières convulsions, il s'asseyait, l'effroyable vampire, sur sa victime palpitante [...]. »

Les amateurs de sensations fortes visiteront avec profit les ruines du château de Tiffauges, où le guide ne manque pas d'exalter les forfaits de cet infanticide qui fait encore, de nos jours, trembler petits et grands.

JEAN-FRANÇOIS DE LA ROQUE DE ROBERVAL (1500-1560)

LE DIABLE DES MERS

Philippe Di Folco

Bernard, son père, est connétable de Carcassonne. Sa mère, Isabeau, est la nièce de Diane de Poitiers. Au lieu d'attendre sagement d'hériter de la charge paternelle, Jean-François de La Roque de Roberval monte à Paris et demande audience à François Ier qui, voyant l'impétuosité du jeune homme, lui confie le commandement de la troisième expédition au Canada.

Fidèle à la cause protestante, fort en gueule, débordant d'énergie, celui que Rabelais surnommait « Valbringue » essuie d'abord plusieurs échecs sur les rives du Saint-Laurent. Lâché par Jacques Cartier qui était pourtant son second, il perd peu à peu le contrôle de la situation en cherchant un hypothétique « passage du Nord-Ouest ». Entre deux rives, il est dépassé par les exigences de ses troupes, tous d'anciens repris de justice qui, lassés, s'entre-trucident pour un rien. Assistant à l'extermination de la petite colonie qu'il avait fondée, il se dit qu'il est temps de faire ses adieux à la Nouvelle-France.

Totalement ruiné et déshonoré, il choisit, histoire de se refaire, d'emmener quelques forbans en mer des Caraïbes, pour prendre les galions espagnols bourrés d'or et de pierreries. Il devient durant sept ans une véritable terreur, attaquant les ports coloniaux de sa majesté Charles Quint qui entend parler de ses razzias jusqu'à Madrid : on l'appelle « Roberto Baal », le cauchemar de tous les marins. Puis, bourse pleine, revenu à Paris, il enchaîne durant dix ans le métier de régisseur pour Henri II, mais trépigne d'impatience : il voudrait repartir. En vérité, l'air parisien devient malsain ; les ligues religieuses s'affrontent.

Hélas, un soir de 1560, Jean-François de La Roque de Roberval est assassiné par une poignée de catholiques à deux pas du cimetière des Innocents. Un personnage haut en couleurs qui annonce le « sieur de Hadoque » inventé par Hergé.

ERZSÉBET BÁTHORY
(1560-1614)
« LA COMTESSE SANGLANTE »

Frédéric Chef

Les ruines du château médiéval de Csejthe, en Transylvanie hongroise, méritent le détour. L'amateur de sensations fortes y cherche les souterrains du roman gothique et prolonge les cauchemars inspirés de la Comtesse sanglante, Erzsébet Báthory, qui tortura comme on respire.

Apparentée aux Habsbourg ainsi qu'au roi de Pologne, la jeune femme épouse en 1575 le Prince noir, un des plus beaux partis du royaume. Le mari guerroie contre les Turcs, l'épouse s'ennuie à mourir dans une forteresse lugubre battue par les vents. La pâleur cadavérique d'Erzsébet n'a d'égale que son obsession de la beauté. Un sombre éclat qui fascine autant qu'il répugne.

Le bruit court que la comtesse a de curieuses marottes. Le lesbianisme est le plus véniel péché d'une perverse qui aurait la fâcheuse manie d'abuser des servantes venues à la Cour pour apprendre les règles de l'étiquette. Les sous-sols du palais abritent les tortures que ce diable moiré propose au petit personnel. Les accusations évoquent les curieuses pulsions d'une tortionnaire patiente et imaginative. À l'aide de quelques sorcières en jupons, la comtesse passe à tabac, brûle, mutile, découpe la peau du bétail livré en holocauste : des jeunes filles privées de nourriture avant d'être exposées au froid. Le prétexte : le mauvais soin apporté au linge, l'insolence, le caprice. À partir de 1610, les témoignages collectés ne dénombrent pas moins de trois cents victimes possibles de ces sabbats contre nature. Le supplice des aiguilles, les tisonniers rougis et les corps nus couverts de miel et parcourus de fourmis excitent l'imagination de ce Gilles de Rais féminin. Les bains de sang pour raffermir la peau : remède ou fantasme des enquêteurs ?

Toujours est-il que les corps disparaissent, dévorés la nuit par des fauves ou livrés à l'appétit des flammes, à l'instar des preuves à charge d'un procès qui tarde à venir. Il se tient pourtant, après la découverte d'une jeune fille mourante et de quelques autres, enfermées dans un des châteaux de la louve. Les trois assistantes, Dorkó, Ilona, Katalin, et le nain Ficzó sont convaincus de torture et condamnés. Leur exécution prolonge la kyrielle des supplices : on arrache les doigts des femmes tandis qu'on jette aux flammes le corps décapité du nain. Œil pour œil, dent pour dent !

La comtesse sanglante.

Erzsébet Báthory n'a pas comparu : elle écope d'une peine exemplaire. Emmurée vivante jusqu'à ce que mort s'ensuive, elle disparaît en 1614, emportant dans l'au-delà ses monstrueux secrets, sans avoir jamais exprimé aucun repentir. Son cas inspire à Valentine Penrose *La Comtesse sanglante* (1962), récit documenté dans le goût du surréalisme noir, et sera le sujet de plusieurs films, dont *La Comtesse*, dans lequel Julie Delpy revisite en 2010 ces supplices magyars d'une voluptueuse tragique et possédée.

LA MARQUISE DE BRINVILLIERS
(1630-1676)
LA POISON

Bruno Fuligni

Elle a été violée à sept ans par un domestique, mais la justice du Grand Siècle n'est guère portée sur la compréhension des fautes et la théorie des circonstances atténuantes a encore des progrès à faire. Ce sera donc la décollation, à l'épée de justice, en place de Grève.

Un supplice coûteux d'ailleurs, car l'énorme lame se fend presque à chaque usage ; un supplice réservé aux condamnés de haut lignage, comme l'est cette femme exténuée dont le peuple vient voir trancher le cou, en cette belle journée du 16 juillet 1676, et qu'il appelle « la Brinvilliers ». Il s'agit pourtant d'une marquise.

Fille du lieutenant civil de la vicomté et prévôté de Paris, Marie-Madeleine d'Aubray est née à Paris en 1630. Après le viol, elle a une liaison incestueuse avec son frère et, enfin mariée au malheureux de marquis de Brinvilliers, le trompe abondamment.

Elle s'entiche en particulier d'un amant ténébreux, versé dans la « science chymique », la magie et la fausse monnaie, Jean-Baptiste Gaudin de Sainte-Croix. Le père de la marquise envoie l'individu méditer deux mois à la Bastille, mais une fois libéré, Sainte-Croix et sa maîtresse décident de se venger.

Les cornues de l'alchimiste ne servent plus à rechercher la pierre philosophale, et moins encore l'élixir de longue vie : c'est plutôt à accélérer la fin de ses semblables qu'œuvre Sainte-Croix, concoctant d'efficaces « poudres de succession ». La marquise empoisonne son père, puis ses deux frères, puis sa sœur, et tandis qu'un coquet héritage se profile, elle songe sérieusement aux joies du veuvage… Sainte-Croix pourtant, qui n'imagine pas un instant vivre avec elle, fournit un antidote à l'époux et amorce une tentative de chantage sur sa maîtresse. Celle-ci s'en ouvre à un nouvel amant que, réflexion faite, elle empoisonne aussi : il en sait trop !

Quand Sainte-Croix meurt, de maladie semble-t-il, le 30 juillet 1672, la marquise cherche à récupérer la cassette où il enserrait ses secrets, attirant ainsi fort maladroitement l'attention de la police sur une rare collection de pièces à conviction… Décapité, le corps de la marquise empoisonneuse ira au feu purificateur, « ensemble les fioles et les poudres trouvées en la cassette, et les cendres jetées au vent », comme le veut la sentence. La peine de mort n'ayant jamais été dissuasive, les dames de la Cour vont faire une forte consommation de telles poudres et fluides mortels fournis par la Voisin, provoquant trois ans plus tard la célèbre affaire des Poisons.

LA PRINCESSE JABIROWSKA
(DATES INCONNUES)
UNE FEMME DE TÊTES

Matthieu Frachon

Au printemps 1676, un semblant d'ordre commence à régner dans Paris. Gabriel Nicolas de La Reynie, lieutenant général de police depuis neuf ans, a démantelé la Cour des Miracles, cet État voyou au cœur de la ville. Nommé par Louis XIV, il a installé six mille lanternes pour éclairer les rues, organisé la collecte des déchets, fait paver le sol, réorganisé le guet... L'ancêtre de notre préfet de police a assaini la plus grande ville du monde, qui compte alors cinq cent mille habitants.

Pourtant, M. de La Reynie est contrarié. En quelques semaines, vingt-six jeunes gens ont disparu : vingt-six beaux garçons de dix-sept à vingt-cinq ans, volatilisés sans explication, et la rue gronde. Pour les uns, c'est l'œuvre d'une mystérieuse princesse atteinte d'une maladie de foie, qui doit prendre chaque jour son bain de sang humain. D'autres accusent les juifs de crucifier des chrétiens, en haine de Jésus. L'affaire est assez grave pour atteindre Versailles. Le roi Soleil offre mille livres de récompense à qui permettra de résoudre ce cas. Le monarque présente un visage soucieux et son lieutenant de police n'aime pas ça. Mais que faire ? La Reynie sait pouvoir compter sur un adjoint efficace, un certain Benoît Lecoq, exempt (officier de police). Et Lecoq a une idée.

Poussant l'abnégation professionnelle à son paroxysme, il propose à La Reynie de tendre un piège aux mystérieux ravisseurs en utilisant comme appât son propre fils : Exupère, un jeune homme de dix-sept ans surnommé « l'Éveillé », jouera la « chèvre ». Selon Saint-Simon, « le jeune homme sortit en grande toilette, avec chaînes d'or, plaques d'argent et deux montres à son gousset ». Il se promène en fin d'après-midi au Luxembourg, dans les allées des Tuileries. Le cinquième jour, enfin, un beau poisson, une jolie truite, vient renifler l'hameçon. Un sourire pour la belle, un brin de conversation, et voici le chaperon : une vieille femme, qui lui raconte une étrange histoire. Sa maîtresse n'est autre que la princesse Jabirowska, fille naturelle d'un prince de Pologne tragiquement assassiné. La jeune femme souhaite se marier en France. L'Éveillé entre dans le jeu, se dit le fils d'un riche médecin, se déclare prêt à épouser la belle. Rendez-vous est pris pour le soir même devant l'église Saint-Germain-l'Auxerrois. Ici, les versions divergent. Selon la première, la vieille conduit l'appât rue Courtalon, vers les Halles ; d'après la seconde, la Jabirowska avait ses quartiers au quai des Orfèvres, ce qui serait cocasse sachant ce qu'il adviendra de cette dernière adresse. L'affaire, de toute façon, reste sous le contrôle de la police : le père Lecoq et une escouade de sergents, en planque, suivent Lecoq fils et la servante jusqu'au domicile de la princesse. Le plan est simple, l'Éveillé doit siffler et appeler à l'aide en cas de danger.

Mais rien ne se passe. Le jeune homme profite-t-il tout simplement d'une bonne fortune ? Le père, lui, sent du louche dans cette affaire, d'autant qu'il voit des hommes de main surveiller la porte. Inquiet pour son fils, il donne l'ordre d'investir la maison, bientôt fouillée de partout. Les Lecoq forcent un grand placard. Horreur ! Face à eux, sur des assiettes d'argent, vingt-six têtes momifiées semblent leur dire : « Trop tard pour nous ! » La vingt-septième tête, encore bien vissée sur le corps d'Exupère Lecoq, contemple bouche bée le monstrueux tableau de chasse.

Toute la bande est conduite au Châtelet, où la « princesse polonaise » avoue n'être qu'une aventurière anglaise, une certaine Guilford. Avec sa fausse servante, elle attirait les riches jeunes gens, puis ses hommes de main les tuaient. Argent, bijoux et valeurs étaient partagés. Les corps étaient revendus aux étudiants en médecine. Quant aux têtes, elles allaient partir en Allemagne, pour être vendues à des savants phrénologues : une étrange discipline qui vise à déterminer le caractère grâce à la forme et aux bosses du crâne.

Selon la rumeur, la diabolique princesse aurait tant fasciné le prince de Condé que celui-ci l'aurait extraite de prison pour passer une soirée avec elle, la partageant avec le duc de Lorraine. La dame aurait alors drogué les deux nobles sires pour fuir en Angleterre…

Quant à l'exempt Lecoq, son sens du devoir et son efficacité trouveront leur juste récompense deux siècles après cette retentissante affaire, puisque son patronyme inspirera l'auteur des premiers romans policiers de l'histoire, Émile Gaboriau : dans *L'Affaire Lerouge* qui paraît en feuilleton à partir de 1863, puis dans *Monsieur Lecoq* et d'autres titres qui suivront, l'attentif commissaire Lecoq, de la Sûreté, va dessiner le profil du policier moderne qu'on retrouvera chez Conan Doyle et Simenon.

GUIDO FRANCESCHINI
(1657-1698)
FÉMINISTE MALGRÉ LUI

Bruno Fuligni

Aux Puces de Rome, où il aime à flâner, le poète anglais Robert Browning découvre en 1863 les minutes manuscrites d'un vieux procès : il en tirera les vingt mille vers d'un grand drame romantique, *The Ring and the Book*, directement inspiré d'une histoire vraie.

L'affaire commence fort banalement en 1693 par l'action d'une entremetteuse. Un noble ruiné épouse la fille d'une riche famille bourgeoise en mal de blasonnement : vanité contre ducats d'or, l'union est rapidement conclue, mais rarement on aura vu couple plus mal assorti. La jolie Francesca Pompilia Comparini n'a que treize ans quand ses parents la marient au seigneur toscan Guido Franceschini, butor violent et criblé de dettes. Son palais d'Arezzo n'est qu'une ruine où le coureur de dot « brutalise sa femme, lui refuse la nourriture et le chauffage », comme en témoignera un domestique des beaux-parents, eux aussi malmenés par le spadassin.

Battue, menacée de mort, la jeune épouse finit par prendre la fuite en compagnie d'un prêtre, le chanoine Caponsacchi. Humilié, le mari fait poursuivre les deux amants, mais Francesca, qui se réfugie chez ses parents, a le mauvais goût d'accoucher d'un bâtard…

Guido Franceschini recrute alors quatre vauriens qui surveillent la *casa* Comparini, par la *via* in Lucina, à Rome. Dans la nuit du 2 au 3 janvier 1698, les cinq hommes s'y introduisent pour poignarder les beaux-parents dans leur lit ; quant à Francesca, percée de vingt-deux coups de dague par son époux furieux, elle est traînée en sang devant les corps de ses parents et sommée de se confesser à genoux. Ses cris d'horreur réveillent les voisins et les assassins doivent prendre la fuite. Francesca aura le temps de les dénoncer avant de s'éteindre, le 6 janvier, à l'âge de dix-sept ans.

Époux bafoué, patricien sûr de son bon droit, Guido Franceschini aborde son procès avec assurance. Le mari n'a-t-il pas, alors, tous les droits sur sa compagne ? Or, les temps changent : « Pour la première fois, un noble fut placé face au déterminisme matérialiste, à son unique désir d'argent dénué de toute forme d'amour et de compassion pour sa femme. En cela, l'affaire Franceschini signe pour la première fois en Europe les fondements du droit des femmes à pouvoir exiger de leur mari respect et confort matériel », expliquent Yves Stavridès et Philippe Di Folco dans leur livre *Criminels*.

Sa rapacité, le cynisme avec lequel il a déshonoré son propre mariage jouent contre Franceschini. Avec ses quatre sbires, il est condamné à mort le 18 février 1698. Quatre jours plus tard, la tête du nobliau dévoyé est tranchée sous la lame tombante de la *Mannaia*, la rustique machine à décapiter italienne, lointaine ancêtre de la guillotine.

LE COMTE DE HORN
(1698-1720)
MAUVAIS SANG

Clémentine Portier-Kaltenbach

Antoine Joseph, comte de Horn, n'a aucune excuse ; il est issu d'une des plus nobles et des plus anciennes familles d'Europe. Mieux, ou pire encore : il est apparenté au régent Philippe d'Orléans, celui-là même qui, en 1720, au moment où se déroule cette triste affaire, préside aux destinées du royaume de France, le futur Louis XV étant encore mineur.

Le célèbre mémorialiste Saint-Simon nous a laissé de l'affaire un récit détaillé : « Le comte de Horn était à Paris depuis environ deux mois, menant une vie obscure de jeu et de débauche. C'était un homme de vingt-deux ans, grand et fort bien fait », écrit-il au chapitre XXI de ses Mémoires. « Le comte de Horn alla le vendredi de la Passion, 22 mars, dans la rue Quincampoix, voulant, disait-il, acheter cent mille écus d'actions, et y donna pour cela rendez-vous à un agioteur dans un cabaret. L'agioteur s'y trouva avec son portefeuille et des actions, et le comte de Horn accompagné, lui dit-il, de deux de ses amis ; un moment après ils se jetèrent tous trois sur ce malheureux agioteur ; le comte de Horn lui donna plusieurs coups de poignard, et prit son portefeuille ; un de ses deux prétendus amis qui était Piémontais, nommé Mille, voyant que l'agioteur n'était pas mort, acheva de le tuer. Au bruit qu'ils firent, les gens du cabaret accoururent [...]. Parmi cette bagarre, l'autre coupe-jarret se sauva ; mais le comte de Horn et Mille ne purent s'échapper. Les gens du cabaret envoyèrent chercher la justice, aux officiers de laquelle ils les remirent, qui les conduisirent à la Conciergerie. »

À quelques détails près, notamment l'identité du troisième larron, un certain Lestang, se faisant appeler « le chevalier d'Étampes », qui seul parvint à s'échapper, toute l'affaire est là. Un crime crapuleux, commis en plein jour, au beau milieu du « quartier d'affaires », dirait-on de nos jours : car c'est rue Quincampoix que s'échangent alors les bons du système de Law, du papier-monnaie gagé sur la Compagnie du Mississipi, première bulle spéculative de l'histoire de France. L'argent coule à flots, et Law comme l'abbé Dubois, l'âme damnée du Régent, entendent bien que cela dure.

Pour un tel crime, la justice prévoit le supplice de la roue. Or, il paraît tout à fait inconcevable qu'un condamné apparenté aux plus grandes familles nobiliaires européennes soit exécuté comme un vulgaire homme du peuple. Ironie de l'Histoire, car c'est justement sous le nom de « Roués » qu'on désigne les nobles débauchés et sans foi ni loi de la Régence...

Alors, on s'agite, on se mobilise, on « pétitionne », on va même jusqu'à se rendre en délégation chez les juges. Étrange spectacle que la fine fleur de la noblesse au désespoir, faisant antichambre pour éviter la roue à l'un des siens. Apparenté au criminel, le marquis de Créquy prend la tête de cette croisade et va tenter de plaider la folie. Horn souffre de « furie continuelle » et sa famille compte de nombreux fous à lier, affirme Mme de Créquy dans le tome II de ses *Souvenirs.* Elle ajoute que « M. Law et M. Dubois, protecteurs naturels des agioteurs et des filous de la rue Quincampoix, ont employé les moyens les plus odieux pour obtenir une sentence inique, exécrable, atroce ! »

Vaines suppliques, car le Régent demeure intraitable et lorsque M. de Créquy lui fait valoir que le déshonneur retombera aussi sur lui, puisqu'il est du même sang que le criminel, il aurait eu cette réponse cinglante : « Quand j'ai du mauvais sang, je me le fais tirer. » Enfin, il promet la décollation et, les solliciteurs partis, laisse la justice suivre son cours… Le 26 mars 1720, le comte de Horn et son complice sont roués vifs en place de Grève.

Le 1er décembre 1789, l'Assemblée législative adoptera le décret établissant l'égalité des peines. Depuis ce jour, qu'on soit puissant ou misérable, un même crime vaut une même peine.

EDMOND COUTY DE LA POMMERAIS
(1836-1864)
LE DOCTEUR « FOL AMOUR »

Philippe Charlier

Edmond Désiré Couty, comte de La Pommerais, est un homme en avance sur son temps. Un novateur. Le premier à utiliser la digitaline comme poison. Une innovation qui finira par lui coûter sa tête.

Tout commence en août 1861, juste après son mariage avec une jeune femme fort bien dotée : il traite sa belle-mère à la digitaline, une substance toxique extraite de la digitale, pour des palpitations cardiaques… Et voici que celle-ci meurt inopinément. La Pommerais vient de découvrir les dommages collatéraux des digitaliques et leurs facultés insoupçonnées en termes de captation d'héritage.

Quelques années plus tard, ayant mûri son coup, il remet la dose avec sa vieille maîtresse, Mme de Pauw. Préalablement, il manipule à loisir cette femme enceinte à quarante-deux ans, au sens critique très relatif : totalement dominée par la forte personnalité du docteur, étourdie par le fol espoir que celui-ci redevienne amoureux, Mme de Pauw est prête à tout. Même à souscrire des polices d'assurance à hauteur de cinq cent cinquante mille francs-or au bénéfice de La Pommerais. Autant signer un bon pour le Paradis : quelques jours après avoir contracté lesdits contrats, le bon docteur fait ingurgiter à son amante, sous des prétextes futiles, des doses croissantes de digitaline…

C'est le meurtre de trop. À l'issue d'un procès expéditif, La Pommerais est condamné à mort en 1864. Comment l'enquête a-t-elle prouvé l'usage du toxique ? En étudiant les traces de vomissements de la victime et en grattant le parquet autour de son lit… La médecine légale moderne balbutie, mais elle a des idées.

Quel personnage était véritablement La Pommerais ? D'abord un homme qui ne croyait pas en grand-chose, à commencer par Dieu. N'écrivait-il pas dans son testament : « Je supplie ma femme de ne jamais laisser entrer sous aucun prétexte un prêtre dans ma chambre. Je désire qu'aucun service, qu'aucune messe, qu'aucune prière ne soient faits à mon intention, ayant le plus grand mépris pour toutes ces singeries et ces simagrées ! » Il changera d'avis à l'article de la mort, demandant même qu'on lui porte en protection pour ses derniers instants la croix papale de Saint-Sylvestre…

Cet aristocrate, disciple de Hahnemann, comptait parmi les propagateurs de l'homéopathie en France. Ambitieux, rêvant de fonder son propre courant médico-thérapeutique, « l'avenir de la médecine », il ne réussit pas à surpasser l'importance de son inspirateur. Il alla jusqu'à solliciter le poste envié de médecin de la Cour : sans succès.

Sur son papier à lettres figurait un écusson armorié, constitué d'un bouquet d'oranges placé sur le dos d'un dragon avec une devise : *Quis pomma aura target ?* (« Qui s'aviserait de toucher à ces pommes d'or ? ») Parce qu'elles sont empoisonnées ?

C'est le célèbre bourreau Jean-François Heidenreich, un géant d'un mètre quatre-vingt-dix, qui l'exécute devant la prison de la Roquette, le 9 juin 1864 : vainement, le condamné a tenté, dans sa cellule, de se suicider à l'aide d'une mixture toxique de sa composition.

La Pommerais est passé à la postérité par l'intermédiaire du romancier Villiers de L'Isle-Adam, qui s'inspirera du personnage pour une nouvelle à glacer le sang : elle fera d'abord frémir les lecteurs du *Figaro* avant d'être compilée dans les fameux *Contes cruels*. On y voit un médecin légiste extrêmement célèbre à l'époque, l'un des fondateurs de la discipline en France, le Dr Velpeau, visiter son confrère criminel dans sa cellule, et lui tenir à peu près ce langage : « Quand votre tête tombera dans le panier, je la ramasserai et je vous appellerai. Si vous m'entendez, vous ouvrirez et fermerez les yeux trois fois. » Tout se passe comme prévu le jour fatal : la tête tombe, elle est prestement ramassée, on appelle le nom du – presque ? – défunt, ses yeux clignent une fois, deux fois… et puis c'est tout. Que conclure ? Telle est la question.

Scandale immédiat à la lecture de la nouvelle ! On s'insurge, non pas d'une expérimentation sur un quasi-mort – ce qui, à l'époque, ne pose pas le moindre problème de conscience –, mais de son manque de réalisme… L'abbé Crozes, celui-là même qui assistait La Pommerais dans ses derniers instants, dément avoir jamais croisé le Dr Velpeau dans les murs de la prison, ni même le jour de l'exécution. Acculé – mais certainement amusé secrètement par cet affolement bourgeois –, Villiers de L'Isle-Adam reconnaît avoir tout inventé. Il faut dire que l'anecdote est tout à fait crédible alors, compte tenu de la multiplication de telles expériences en cette seconde moitié du XIXe siècle : on s'intéresse énormément à la physiologie neurologique, sous l'influence directe de sommités comme Paul Broca ou Jean-Martin Charcot. Pour certains, la sensibilité, la pensée – voire l'âme dans son séjour corporel –, persistent quelques minutes dans la tête au décours de la décapitation. Pour d'autres, il ne s'agit que de réactions réflexes, consécutives à l'irritation de la moelle épinière ou du tronc cérébral par le passage du couperet. À ce jour, le problème n'est pas encore tranché…

LE MARQUIS DE MORÈS
(1858-1896)
UNE VRAIE BOUCHERIE

Philippe Di Folco

Né à Paris, Antoine est l'aîné de Richard Manca-Amat, duc de Vallombrosa, rejeton d'une famille sarde anoblie par les cours de Madrid, de Vienne et de Turin. Profitant de la fièvre financière née de la révolution industrielle, Richard s'établit comme banquier, entre Paris et Nice sous le règne de Louis-Philippe. La mère d'Antoine est une descendante des Galard, vieille noblesse béarnaise remontant au XIe siècle. Celui que toute la presse française appellera « le marquis de Morès » débute sa vie bien sagement à Cannes, entre les ors du château de La Bocca et le collège Stanislas. Puis, grâce à son grand-père maternel, le général de Pérusse, duc des Cars, le voici élève-officier à l'école militaire de Saint-Cyr.

Issu en 1878 de la même promotion que Philippe Pétain, le lieutenant de Morès rejoint le Cadre noir de Saumur et, cavalier émérite, s'illustre lors d'une campagne de répression en Algérie. Déjà réputé pour son bouillonnant caractère, se battant en duel pour un rien, ce grand jeune homme au regard sombre aspire en secret à une vie de conquérant. Mais en 1882, les opportunités sont rares, même aux colonies. Désœuvré, il quitte l'armée pour se marier avec la très séduisante Medora Maria von Hoffman, fille d'un banquier new-yorkais, associé de son père. Le couple part s'installer à Manhattan et Antoine devient actionnaire de la banque. On parle déjà de fusionner les deux affaires, quand, subitement, Antoine, saisi par une sorte de fièvre des pionniers, propose à son beau-père un plan commercial très séduisant. En février 1883, accompagné de son cousin le comte de Fitz-James, un grand chasseur, il avait découvert la région des Badlands, ses troupeaux, son gibier et sa cruelle absence d'industries… Plutôt que de dépendre de Chicago, pourquoi ne pas investir ici dans la construction d'un énorme abattoir et d'un train réfrigéré, pour convoyer la viande de bœufs du Dakota directement jusqu'à New York ? Medora supplie son père, qui possède de grosses parts dans l'industrie ferroviaire américaine, et celui-ci accepte.

D'abord tenté par Little Missouri pour établir son usine, Morès décide brusquement de construire sur un site vierge, qu'il fait acheter par la banque Hoffman et qu'il baptise « Medora ». Ses plans comprennent non seulement l'usine, mais toute une ville. Il se fait bâtir une maison de vingt-quatre pièces dans le style Western, qu'il appelle « son château ». Dans cette opération, il mobilise deux cent mille dollars. En octobre, la production commence. Durant cinq ans, Morès se met à dos beaucoup de monde, concurrents et riverains confondus, mais il a pris la tête d'une milice et fait abattre tous ses contradicteurs.

Pourtant, son affaire piétine, et voilà notre industriel saisi par la paranoïa : il menace par voie de presse l'industrie agroalimentaire, le « Beef Trust » établi à Chicago, s'en prenant aux juifs, attaquant au passage le futur président américain Theodore Roosevelt, investisseur dans la région. Le Français revend tout en catastrophe et s'en retourne à Paris, la rage au ventre.

Après une croisière qui les mène à Bombay, sa femme et lui rencontrent des colons revenus du Tonkin. Morès échafaude aussitôt un plan ferroviaire pour toute la région. Grâce à son père et à quelques amis dans l'armée, il obtient de pouvoir en étudier le tracé sur place. Hélas, en 1889, le républicain radical Ernest Constans, gouverneur général de l'Indochine, suspend sa mission. Morès, dégoûté, se lance alors dans une bataille politique, à coups d'injures : il rejoint les antisémites d'Édouard Drumont, les ligues nationalistes et antimaçonniques. Il met toute son énergie à lutter contre les grosses têtes de la IIIe République, dont Georges Clemenceau. Sur le terrain, il va trouver les bouchers de La Villette, leur apprend à former des milices. Ses duels sont nombreux : il finit par tuer le capitaine Armand Mayer, qui aurait insulté sa femme allemande.

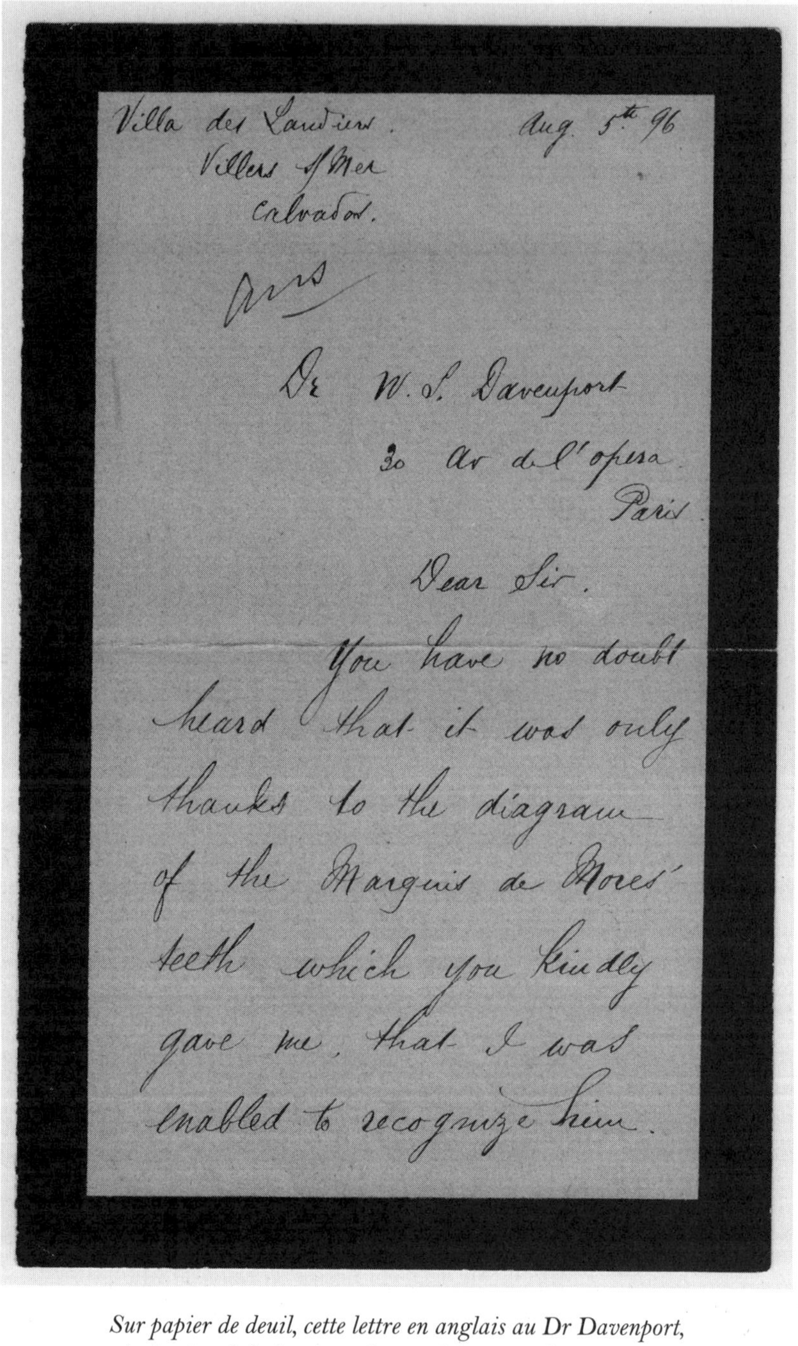

Villa des Landiers. Aug. 5th 96
Villers s/Mer
Calvados.

Ans

Dr W. S. Davenport
30 Av de l'opera
Paris.

Dear Sir.

You have no doubt heard that it was only thanks to the diagram of the Marquis de Morès' teeth which you kindly gave me, that I was enabled to recognize him.

Sur papier de deuil, cette lettre en anglais au Dr Davenport, le dentiste de la bonne société parisienne, souligne que seul son diagramme dentaire a permis l'identification du marquis de Morès.

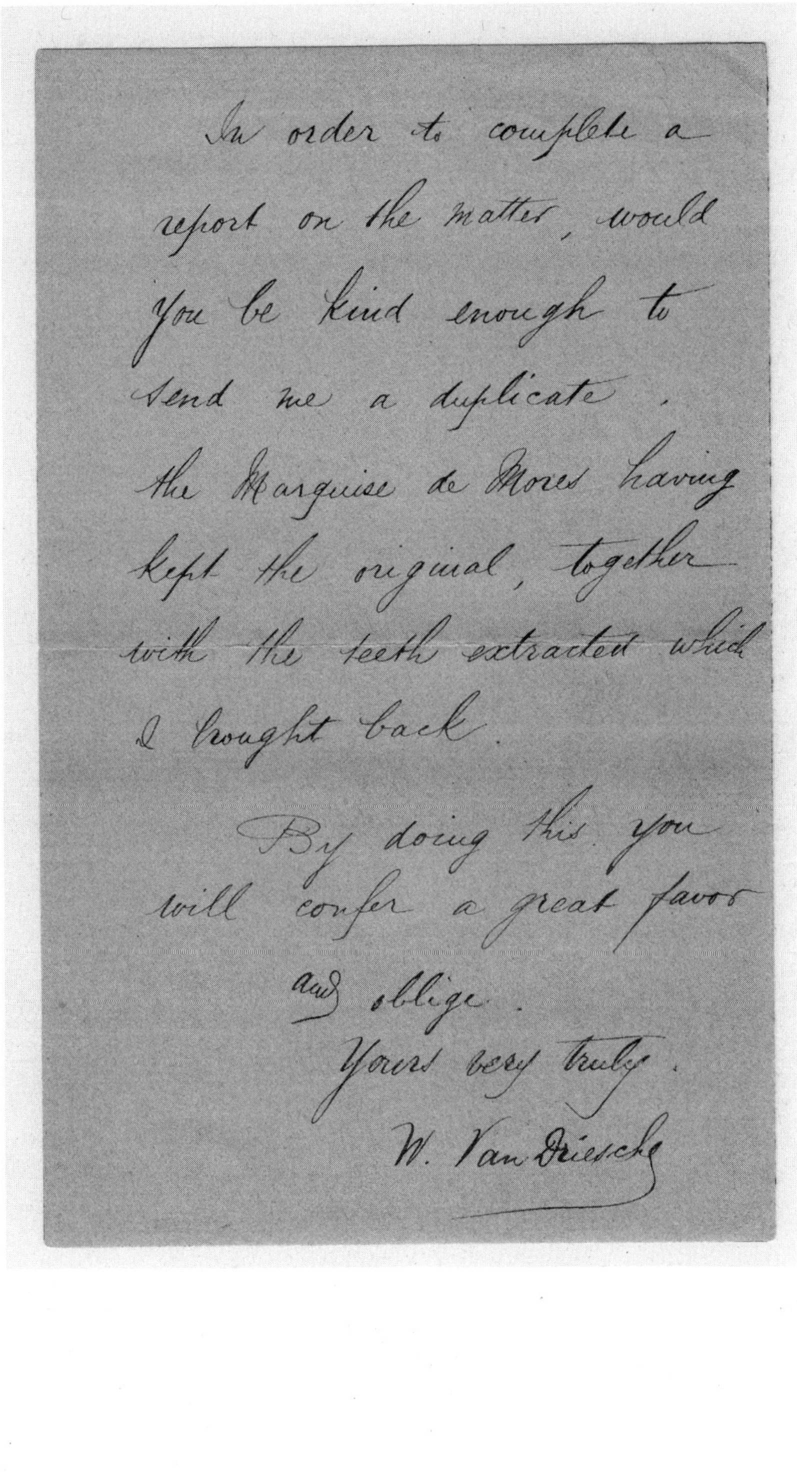

In order to complete a report on the matter, would you be kind enough to send me a duplicate. the Marquise de Mores having kept the original, together with the teeth extracted which I brought back.

By doing this you will confer a great favor and oblige.

Yours very truly.

W. Van Driesche

L'opinion publique veut la peau de Morès, d'autant que Clemenceau finit par le dénoncer comme mêlé au scandale du canal de Panama. Pris dans ses contradictions, il part en Algérie, fonde un parti antisémite afin de rallier, pense-t-il, les musulmans à sa cause. Son idée ? Fédérer les tribus locales pour lutter contre « l'hégémonie anglaise soutenue par la finance juive ».

Morès échappe désormais à tout contrôle. Il meurt en plein désert, dans un obscur traquenard, tué par des Touaregs. Les antisémites crient à l'assassinat politique, dénoncent un nouveau complot, tandis que la famille fait identifier le cadavre par ses empreintes dentaires : une première à l'époque. Responsable de tant de morts violentes et d'esbroufes financières, le marquis de Morès, à son corps défendant, aura fait avancer la science criminologique.

FÉLIX YOUSSOUPOV
(1887-1967)
STARETS ACADEMY

David Alliot

Né le 11 mars 1887 à Saint-Pétersbourg, Félix Felixovitch Soumarokov-Elston, prince Youssoupov, appartient à l'élite de l'aristocratie russe, directement apparentée aux Romanov. Sa mère est considérée comme plus riche que le tsar et Félix connaît une jeunesse dorée. Mais, délaissé par sa mère, il développe un caractère capricieux et tyrannique.

À la mort de son frère aîné, le prince Nicolas Youssoupov, assassiné en 1908, il devient l'unique héritier de la fortune familiale. Considéré comme le plus beau parti de Russie, Félix est un très bel homme, aux goûts littéraires et artistiques raffinés, mais aux mœurs pour le moins dissolues. Après des voyages en Europe et des études en Angleterre, il rentre en Russie pour se marier en 1914 avec la princesse Irina Alexandrovna, la propre nièce de Nicolas II, quand éclate la Première Guerre mondiale.

À Saint-Pétersbourg, la guerre et les privations sont rapidement impopulaires, tandis qu'à la Cour, le *starets* Raspoutine acquiert une influence redoutable. Ce religieux guérisseur, venu de Sibérie, paraît capable de sauver le tsarévitch, atteint d'hémophilie. La tsarine lui passe tout et le moine n'hésite pas à brimer l'aristocratie russe elle-même. En 1915, le père de Félix Youssoupov, gouverneur de Moscou, est révoqué par le tsar et l'année suivante, sa mère est chassée de la Cour pour avoir demandé à la tsarine le renvoi de Raspoutine. Souhaitant venger l'honneur de sa famille, Félix Youssoupov, avec l'aide de son amant, le grand-duc Dimitri Pavlovitch, organise le complot destiné à assassiner le favori.

Dans la nuit du 16 au 17 décembre 1916, Raspoutine est invité à dîner au palais de la Moïka, avec le prince et quatre autres conjurés. Au cours du repas, Raspoutine mange plusieurs gâteaux préalablement empoisonnés, ainsi que des verres de madère mélangés à des doses de cyanure qui auraient tué un éléphant... Mais sans grand résultat : le poison semble d'aucun effet sur le *starets.*

Enfin, celui-ci s'écroule, inconscient. Croyant s'être débarrassé de son ennemi, Félix Youssoupov poursuit le dîner avec les autres conjurés dans une pièce voisine. Mais au moment où il revient examiner le corps, Raspoutine reprend conscience. Horrifié, le prince Youssoupov s'empare de l'arme du grand-duc Pavlovitch et tire trois balles dans le corps de Raspoutine, dont une dans le cœur. Le *starets* s'effondre d'abord ; puis, malgré la gravité de ses blessures, il se relève quelques minutes plus tard et tente de s'enfuir. Rattrapé par les conjurés à la grille du palais, il est criblé de balles et reçoit enfin le coup de grâce, dans la tête. Pour ne pas laisser de traces de leur forfait, les conspirateurs enveloppent le corps de Raspoutine dans son manteau et le jettent dans la Néva. L'autopsie pratiquée sur la dépouille précisera que Raspoutine était encore vivant à ce moment-là, et qu'il est finalement mort noyé !

Très vite, les auteurs de l'assassinat sont démasqués par la police du tsar. Trop proche de la famille impériale pour être jugé comme un vulgaire moujik, le prince Youssoupov est assigné à résidence dans son palais, près de Kharkhov. Un moment pressenti pour le trône de Russie après la chute de Nicolas II, il se réfugie en Crimée et, peu avant la révolution d'Octobre, parvient à quitter son pays, gagne l'Angleterre, puis la France où il s'installe. Il meurt en exil, à Paris, le 27 septembre 1967, non sans avoir publié de passionnants Mémoires et longuement évoqué devant de nombreux visiteurs et historiens, à l'heure du thé, son rôle dans l'assassinat de Raspoutine.

LE MARQUIS BERNARDY DE SIGOYER (1905-1947) « L'INCARNATION DE SATAN »

Matthieu Frachon

Alain Jules Antonin Louis Gaspard Sinéty de Bernardy de Sigoyer décroche en 1947 le « prix Goncourt des assassins » : la guillotine, selon la définition de Louis-Ferdinand Céline. À quarante-deux ans, cet authentique marquis, héritier d'une noble famille de La Réunion, meurt par décollation le 11 juin au petit jour, dans la cour de la prison de la Santé.

Orphelin à sept ans, il est arrivé en métropole, seul, sans argent. Beau jeune homme, il aime les femmes, multiplie les conquêtes. Il excelle dans la carambouille, cette escroquerie qui consiste à acheter à crédit et à vendre au comptant sans payer le fournisseur.

Mêlé à une tentative d'enlèvement, Sigoyer est arrêté. Malin, il simule la folie, échappant à la prison pour être interné. Avec la complicité de sa maîtresse, Olga, il s'évade. Puis il reprend ses magouilles, crée un Centre d'études ésotériques et un Omnium d'assistance mutuelle, entités vides de sens mais pleines de clients crédules. L'homme à femmes semble se ranger : après avoir séduit Mme Kergot mère, il passe dans le lit de Jeanine sa fille, qu'il épouse, pour le malheur de celle-ci.

La guerre arrive. Le marquis tombé tient un café, *Le Polo alsacien.* C'est l'heure de l'opulence : Sigoyer, polyglotte, offre ses services aux Allemands, noue des contacts, obtient des *Ausweise*, des avantages, fait des affaires. Côté cœur, tout roule. Il a engagé une gouvernante, Irène Lebeau, pour s'occuper de son fils. Ni une, ni deux : la jeune fille est jolie, il en fait sa maîtresse. Le marquis, devenu riche, investit : une boutique de vins et un appartement rue Étienne-Dolet, un chai à Bercy, un hôtel particulier, une propriété viticole en Bourgogne…

Hélas, Mme la marquise le surprend avec Irène en pleine action. Elle boxe sa rivale, exige le divorce. Sigoyer sent le vent tourner. Marié sous le régime de la communauté des biens, il va devoir laisser la moitié de sa fortune à sa femme. Hors de question ! Alors il tergiverse, se présente aux juges comme un mari modèle, verse une très généreuse pension, propose six mois de délai avant le divorce pour tenter une réconciliation. Le 28 mars 1944, Jeanine entre dans la maison de son futur ex-mari pour récupérer ses dix mille francs de pension.

Le lendemain, Mme Kergot mère vient signaler la disparition de sa fille. La police interroge le marquis : celui-ci affirme que sa femme est arrivée à neuf heures et repartie à neuf heures quinze, ce que confirme Irène Lebeau, nouvelle maîtresse des lieux. Madame Kergot porte plainte et le juge confie l'affaire à la Brigade criminelle du 36, quai des Orfèvres : l'enquête est menée par le commissaire Massu, celui-là même qui court après le Dr Petiot. Le marquis nie, produit des témoins, joue l'outragé.

Madame Kergot, alors, s'allie avec le diable : elle convainc les hommes de la Gestapo française d'enlever et d'interroger son gendre. Mais Sigoyer résiste même au supplice de la baignoire. C'est un échec !

De collaborateur à résistant, il n'y a parfois qu'un pas. Lors de l'insurrection de Paris, Sigoyer monte sur les barricades, arborant son brassard FFI. Mais il est reconnu et arrêté par les deux inspecteurs de la Crim' en charge de l'affaire Kergot. Ils savent bien que ce résistant n'est qu'un trafiquant : la roue tourne pour le marquis.

En prison pour collaboration économique, il sait que le juge Gollety poursuit son instruction sur la disparition de sa femme. Madame Kergot n'a jamais baissé les bras. Sigoyer demande donc à un détenu libéré de livrer un colis alimentaire à la dame, avec un peu de strychnine… Adieu la belle-mère, finis les ennuis ! Mais le prisonnier se dégonfle.

C'est Irène qui va faire tomber son amant le marquis. Il lui demande de cacher un tonnelet contenant « des papiers importants ». Elle le confie à des amis, qui l'ouvrent et découvrent un manteau de renard, deux montres de dame, un poudrier… Les affaires de la feue marquise.

Le reste n'est qu'enquête de routine : Irène avoue avoir menti, déclare que son amant a étranglé Jeanine avec un fil électrique, puis désigne la fosse où il l'a enterrée. Le corps exhumé, les témoins se rétractent. Devant la cour d'assises, le marquis a beau crier au complot, tandis qu'Irène Lebeau est acquittée, il est condamné à mort.

Maître Isorni, son propre avocat, le surnomme dans ses Mémoires « l'incarnation de Satan ». Il faut dire que le lendemain de l'exécution, un homme se présente en pleine nuit au domicile de l'avocat en proférant une malédiction, affirmant être le fantôme de Sigoyer. C'était un comédien engagé par le marquis pour tourmenter son défenseur, coupable de n'avoir pas sauvé sa tête !

LE COMTE DE RIBEAUCOURT (1933-2000)

LE FAUX COMTE NE FAIT PAS UN BON AMI

Matthieu Frachon

Ne pas venir au monde dans la bonne famille, avoir la certitude d'être mal-né, quelle tragédie ! Depuis son enfance, Nestor Pirotte est persuadé que la nature lui a joué un sale tour. Son père est un être fruste, un garde-chasse au service des autres : ceux du château de Beau-Chêne, si proche et si loin. Sa mère, c'est autre chose : une femme élégante avec des manières, une rêveuse qui adule son fils. Non, il y a erreur : d'ailleurs, quand il affirme être le fils naturel de l'aristocrate des lieux, sa mère ne le reprend pas.

Nestor joue dans le parc avec les petits châtelains, s'imprègne de leurs usages, apprend les codes de l'aristocratie. Il vise haut, veut la puissance, la reconnaissance. Nestor désire tous les signes extérieurs, tous les dehors de la haute société. Appelé sous les drapeaux, il vole dans la caisse et fait les poches de ses camarades pour se payer le scooter qui fera de lui un jeune homme chic : trois mois de prison avec sursis.

À vingt et un ans, il planifie son premier crime. Sa tante, une vulgaire fermière, vient de vendre son cheptel. Nestor l'épie, puis il frappe à coups de barre de fer. Mais la paysanne a déjà réinvesti l'argent et il ne met la main que sur quelques centaines de francs belges. On l'a vu surveiller la ferme : il est arrêté, puis confondu. Pour sa défense, il affirme avoir voulu défendre l'honneur de sa mère, à qui sa tante aurait envoyé des lettres d'injures. Pirotte est condamné à mort, un geste symbolique car cette sentence n'est plus appliquée en Belgique.

En prison, Nestor tente de se faire passer pour fou, mais les psychiatres ne suivent pas. Il va mettre quatorze ans à s'extirper de cet univers, finissant par convaincre l'administration pénitentiaire de lui accorder la liberté conditionnelle en 1968.

Ce n'est plus alors Nestor Pirotte qui va exercer son art de la manipulation, de la comédie, du mensonge, c'est un aristocrate, le comte de Ribeaucourt. D'ailleurs, Nestor Pirotte, quel nom ridicule ! Il le renie : non, ce n'est pas lui, il vaut beaucoup mieux que cela. Le banquier qui le reçoit avec beaucoup d'égards, le 14 mai, n'a pas tiqué quand M. le comte lui a demandé rendez-vous, alors que pour un Pirotte… En guise de belles manières, le faux comte révolvérise le banquier et s'empare de sept cent cinquante mille francs.

Arrêté, il affirme que le coup est parti accidentellement : c'est la faute de ses avocats qui exigent d'être payés et le menacent de révoquer sa conditionnelle, il a paniqué… Son dossier d'expertise est accablant : « Mythomane, agressif, dénué de tout sentiment de culpabilité. » Il ne sera pas jugé cette fois-ci, mais interné. En 1979, il est relâché, en semi-liberté. Pour les psychiatres, unanimes, « Nestor Pirotte ne constitue plus un danger pour la société ».

Quelques mois plus tard, la police découvre dans un club privé, *La Vieille France* à Spa, un spectacle épouvantable : deux hommes, ainsi que la patronne de l'établissement et son chien gisent dans leur sang, abattus par balles. Sur le bar, traîne une note au nom de Nestor Pirotte. La police l'interpelle, mais il nie. Pas de preuves, pas de témoins, la justice doit le remettre en liberté, la rage au cœur.

Quelques mois après, en février 1981, c'est le fils de la tenancière de *La Vieille France* qui trépasse, une balle dans la tête. Nouvelle arrestation, nouveau non-lieu. Pour tenter de sauver l'affaire, les juges mettent fin à la liberté conditionnelle du suspect, pour « avoir fréquenté un débit de boissons ». Pirotte retourne à l'asile en mai 1981 et s'en évade en août.

Il emprunte le nom du vrai comte de Meeûs d'Argenteuil et prend contact avec un antiquaire. Le comte explique que sa mère veut vendre des meubles précieux et donne rendez-vous au commerçant à proximité du manoir familial : la rencontre doit se faire à l'entrée du bois qui jouxte la propriété. L'antiquaire, méfiant, se fait accompagner d'un ami. Le comte arrive à pied. « Accident de Jaguar », s'excuse-t-il, grand seigneur, tout en priant l'antiquaire de le suivre. Les deux hommes s'enfoncent dans le bois, quand le châtelain se retourne et tire : il saisit le sac contenant l'argent de la transaction et s'enfuit sous les yeux du témoin médusé.

Pirotte s'est fait avoir : le sac ne contient que de vieux journaux. Il se teint en roux, mais la police l'attrape. Les psychiatres se penchent de nouveau sur son cas : le faux aristocrate est dépeint comme « responsable, mais totalement amoral ». Fait unique dans les annales du crime belge : il est condamné à mort pour la seconde fois !

Cette fois, Nestor Pirotte ne s'évadera pas. Le 28 juillet 2000, il s'éteint en prison. Seule une femme, une amie d'enfance, suit son cercueil. La famille a refusé de venir. Une croix de bois ordinaire, sans nom ni couronne comtale, marque sa tombe. L'homme qui rêvait de faste et de renom devra se contenter d'entrer dans l'histoire comme le premier tueur en série de Belgique. Cette gloire même se révélera éphémère : malgré les six cadavres qui parsèment sa route, Pirotte est aujourd'hui oublié, surclassé par Marc Dutroux.

Par Bruno Fuligni

UN RAPPORT DE LA CHAMBRE DES PAIRS

Au format des rapports parlementaires, celui-ci n'analyse aucun projet de loi, aucun amendement. C'est une enquête policière qu'il renferme, une enquête instruite par l'assemblée aristocratique du royaume : six pairs de France ont assisté le chancelier Pasquier dans ses investigations, à propos d'une affaire qui débute comme un simple fait-divers.

Le 18 août 1847 à l'aube, quand on retrouve la duchesse de Choiseul-Praslin lardée de trente coups de couteau dans sa chambre, c'est d'abord la stupéfaction qui domine. Fille du maréchal Sébastiani, la victime était mère de neuf enfants. En son hôtel particulier du 55, rue du Faubourg-Saint-Honoré, se présente d'abord Prosper Truy, commissaire de police du quartier des Champs-Élysées, et son collègue Bruzelin, du quartier du Roule. Tous deux constatent que « des traces de sang sont abondantes dans la chambre à coucher », mais aussi en divers points du bâtiment. « M. le duc de Praslin nous a expliqué que des traces de sang qui existent sur une porte du corridor, en face celle conduisant au jardin, et sur le sol du corridor, peuvent avoir été produites par lui après qu'il eut relevé le corps de son épouse, et qu'il retournait à son appartement les mains couvertes de sang. » Intrigués, les policiers s'enhardissent à fouiller le mari : sur lui, dans une poche de sa redingote, ils trouvent « quelques bouts de corde dont l'un paraît taché de sang ». On supposait l'intrusion la veille d'un rôdeur ou d'un maniaque, mais la vérité apparaît bien vite : c'est le duc qui a fait le coup !

COUR DES PAIRS.

ASSASSINAT DE MME LA DUCHESSE DE PRASLIN.

PROCÉDURE.

PROCÈS-VERBAUX DIVERS,

DÉPOSITIONS DE TÉMOINS, INTERROGATOIRES.

PARIS.

IMPRIMERIE ROYALE.

AOUT 1847.

Or, la Charte constitutionnelle de 1830, dessinée sur la page de titre du rapport, comporte un article 29 « portant qu'aucun pair ne peut être arrêté que de l'autorité de la Chambre, et jugé que par elle en matière criminelle ». Charles-Laure-Hugues-Théobald de Choiseul-Praslin, quarante-deux ans, a été député de Seine-et-Marne de 1839 à 1842, élu au suffrage censitaire en vigueur sous la monarchie de Juillet. Puis Louis-Philippe Ier, roi des Français, l'a nommé pair de France en 1845, c'est-à-dire membre à vie de la Chambre des pairs. Le voici donc écroué à la prison du Luxembourg, tandis que ses collègues se penchent sur sa vie personnelle, publiant même ses lettres intimes. Ils découvrent sa relation trouble avec sa gouvernante, Henriette Deluzy, et ses dépenses somptuaires au détriment de son épouse.

Le 24 août, coup de théâtre : le duc s'est suicidé par empoisonnement. « Il s'était jugé et condamné lui-même ; il avait pris, peu d'heures après la perpétuation du crime, une dose d'arsenic trop considérable pour que son existence ne dût pas être promptement tranchée par ce poison si corrosif : il a succombé le mardi 24, à quatre heures et demie du soir, sept jours et demi après le moment où il avait, avec une atroce barbarie, immolé la plus innocente, la plus pure, la plus intéressante des victimes », conclut le chancelier Pasquier. Si son style fleuri n'a rien de policier, sa méthode quant à elle est pionnière : à l'intérieur du rapport, de grandes planches dépliantes donnent à voir des dessins à l'échelle de la maison fatale, criblés de points à l'encre rouge figurant les taches de sang. Plus de trente ans avant qu'Alphonse Bertillon n'invente le croquis planimétrique et n'utilise la photographie, une scène de crime est impeccablement relevée, pour l'information des générations futures.

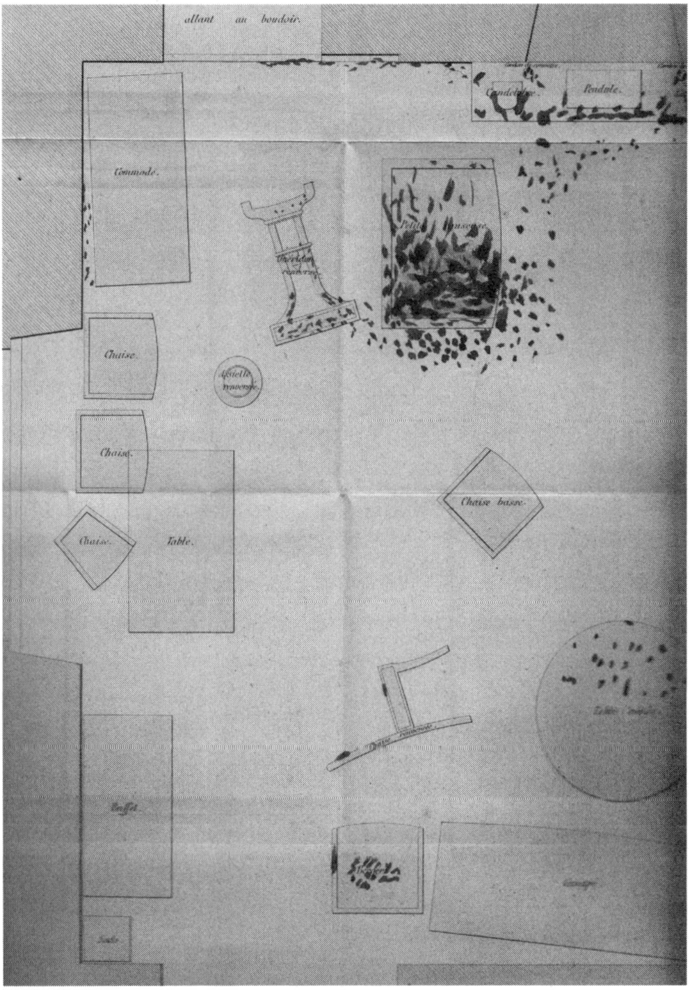
allant au boudoir.
Candélabre.
Pendule.
Commode.
Chaise.
Chaise.
Chaise.
Table.
Chaise basse.

L'opinion publique, quant à elle, ne se contentera pas de ces explications officielles. « Le peuple a déjà fait le mot *prasliner.* Prasliner sa femme », note Victor Hugo dans *Choses vues*, à la date du 27 août 1847. Surtout, en ces temps romantiques où le public raffole des complots et des menées secrètes, on soupçonne le pouvoir d'avoir fourni lui-même l'arsenic pour éviter le scandale ; bientôt, c'est la réalité même du décès qui se trouve mise en doute, car on affirme que le duc a eu le privilège de pouvoir gagner Londres, où il vivrait dans l'impunité sous un faux nom…

Cette affaire, qui survient quelques semaines après le procès des ministres concussionnaires Teste et Cubières, discrédite grandement le régime ploutocratique de la monarchie de Juillet. En février 1848, les Parisiens se soulèvent, proclamant la République et le suffrage universel.

CHAPITRE II

L'ARMORIAL DES ESCROCS

« La particule ne se porte même plus dans les maisons closes », constatait Stavisky, blasé, devant une jeune actrice qui se cherchait un nom de scène aristocratique. Le roi des escrocs, dont les opérations frauduleuses et corruptrices faillirent faire sauter la République en 1934, n'en employait pas moins comme homme de paille un Bardi de Fourtou, lointain parent d'un ancien ministre de l'Intérieur…

La particule, le titre, le blason et tout ce qui est d'apparence nobiliaire ont joué un rôle capital dans ce qu'on appelle aujourd'hui la « délinquance astucieuse ». Le ressort même de l'escroquerie n'est-il pas la confiance ? Un personnage de bonne mine, portant chevalière et nom illustre, aura toujours la capacité d'en imposer au gogo, qui hésitera longtemps à lui demander des comptes. Ce n'est pas un hasard si, au bonneteau, le comparse qui donne l'impression de gagner et qui incite les badauds à jouer s'appelle « le baron », de même que les tricheurs professionnels qui prospéraient jadis aux cartes avaient pour pareil complice « le comte »… « Il y a donc une aristocratie de la pègre qui constitue le groupe des faussaires et des plus habiles escrocs », écrivait le grand criminologue Edmond Locard en 1923.

L'aristocrate est aussi celui qui, par nature, côtoie le pouvoir et ses secrets : lui seul peut mettre sur le marché certains biens inaccessibles ou immarcescibles, comme le cœur d'une souveraine, une place dans un royaume à naître, un parchemin anoblissant ou l'initiation au sein d'un ordre de chevalerie…

Sans faire couler le sang, mais suscitant parfois bien des larmes, ces prestidigitateurs mondains ont su, avec le sourire et dans le respect des bonnes manières, délester leurs contemporains de sommes diablement encombrantes.

JEANNE DE LA MOTTE
(1756-1791)
LA MAIN AU COLLIER

Clémentine Portier-Kaltenbach

« Pour se faire un nom, il faut être connu... » Une phrase de Jules Renard dont Jeanne de La Motte eût volontiers fait sa devise. Car, dans l'époque où naît cette intrigante, un nom est tout, un nom peut tout !

Jeanne est née à Fontette, aux confins de la Champagne et de la Bourgogne, le 22 juillet 1756 ; elle grandit au sein d'une famille noble mais impécunieuse qui vit d'expédients, entre un père jadis soldat, devenu braconnier, et une mère dont on dira par la suite qu'elle en était réduite à se prostituer pour faire vivre les siens.

Pour sortir de cette condition misérable, Jeanne ne possède qu'une chose : un nom. Mais quel nom ! Jeanne est une Valois, elle descend d'un bâtard légitimé du roi Henri II. Et voilà qui change tout. Elle qui doit demander l'aumône n'en est pas pour autant une pauvresse ordinaire. Elle est une Valois-Saint-Rémy, ce qui va lui permettre de jouer la carte de l'infortunée demoiselle de sang royal accablée par le sort. Sans cette prestigieuse estampille dont elle usera et abusera pour duper les naïfs de tout poil rencontrés sur sa route, il n'y aurait jamais eu d'affaire du Collier de la reine.

Dans cette arnaque magistrale, on va trouver un peu de tout : une aventurière cupide, une protectrice naïve, un cardinal, une reine, un pseudo-mage, un faussaire, un escroc, une comédienne, mais aussi et surtout, six cent quarante-sept diamants gros comme des noisettes. Tout cela ne manque pas de souffle et Alexandre Dumas ne s'y est pas trompé, qui consacrera à cette escroquerie un roman-feuilleton à succès en 1849. L'histoire serait même d'un romanesque échevelé si cette « affaire du Collier » n'avait pas contribué à précipiter la chute de la monarchie.

De nos jours, un tribunal accorderait sans doute à Jeanne des circonstances atténuantes : une enfance difficile, la volonté farouche de s'en sortir, quitte à trahir ceux qui vous ont tendu une main secourable. Et de fait, la première victime de Jeanne est précisément l'âme charitable qui la tire du ruisseau, la marquise de Boulainvilliers ; non seulement elle recueille Jeanne et la place dans un couvent réservé aux jeunes filles de la haute noblesse, mais elle fait dûment établir l'ascendance royale de sa protégée et lui obtient même, en 1776, une modeste pension du roi. Jeanne lui en est-elle reconnaissante ? Il faut croire que non, puisque trois ans plus tard, alors âgée de vingt-trois ans, elle s'enfuit du couvent pour Bar-sur-Aube où son nom – encore lui – lui vaut d'être recueillie chez une certaine Mme de Surmont.

À la même époque, elle rencontre son futur mari : Nicolas de La Motte, un gendarme du roi, joueur invétéré, couvert de dettes, se faisant passer pour comte. On ne saurait trouver ménage mieux assorti !

Ainsi acoquinée, Jeanne se retrouve vite sur la paille. Toute honte bue, elle renoue avec sa bienfaitrice, qui lui pardonne tout et, en septembre 1781, l'introduit auprès du cardinal de Rohan.

Mal en cour depuis son ambassade à Vienne, de 1772 à 1774, Rohan caresse le rêve de rentrer en grâce auprès de la reine Marie-Antoinette et, qui sait, de devenir un jour ministre… Jeanne se propose de l'aider. La reine n'est-elle pas sa parente ? Elle en a la preuve, cette lettre de la main de la reine où il est écrit : « À ma cousine, la comtesse de Valois ».

La lettre est fausse bien entendu, tout comme est fausse la reine que rencontre Rohan dans les jardins de Versailles, de nuit, en août 1784. Il s'agit en réalité d'une comédienne, la d'Oliva, prostituée à ses heures. Mais le cardinal est un innocent et c'est en toute bonne foi, croyant agir selon les désirs de la reine, qu'il reçoit le 1er février 1785 des mains des bijoutiers Boehmer et Bassenge, l'inestimable parure de diamants qu'il remet ensuite à Jeanne de La Motte.

Lorsque la supercherie est découverte, les premiers diamants viennent d'être vendus en Angleterre.

Le 15 août 1785, le cardinal est arrêté. Louis XVI exige un procès devant le Parlement afin que l'innocence de la reine soit établie publiquement. Une bien mauvaise idée car, au terme de onze mois de procès, le cardinal est acquitté et c'est la reine qui, aux yeux du peuple, apparaît comme la vraie coupable. La Révolution n'est pas loin…

Arrêtée, fustigée, Jeanne de La Motte s'exile en Angleterre où elle trouve la mort en 1791, après s'être jetée par la fenêtre pour fuir ses créanciers. Sur son épaule, un V marqué au fer rouge. Non pas le V de Valois, ce grand nom qu'elle avait traîné dans la boue, mais, plus conforme à sa vraie nature, un V comme… Voleuse.

GREGOR MACGREGOR
(1786-1845)
POYAISIE LYRIQUE

Philippe Di Folco

Né à Édimbourg et appartenant à l'illustre clan de la Garde noire, serviteur de la couronne britannique, sir Gregor MacGregor est promu lieutenant de la Royal Navy le jour de ses dix-huit ans. Il épouse la fille de l'amiral Bowater, devient capitaine, puis rejoint le général Beresford qui affronte Napoléon en Espagne.

En 1811, c'est le drame : revenant chez lui pour être père, il assiste à la mort en couches de sa femme. Errant dans Londres, Gregor voit son destin basculer. Il croise Simon Bolivar, lequel écume clubs et tavernes à la recherche de gaillards et d'investisseurs pour « libérer l'Amérique du Sud du joug espagnol ». Début 1812, il est à Caracas : propulsé général d'infanterie, il combat aux côtés des troupes indépendantistes durant cinq ans. Élu député au congrès vénézuélien en 1820, il s'ennuie. Alors, il repart à la tête de deux cent cinquante mercenaires, trouve un territoire situé sur la côte des Mosquitos, l'actuel Nicaragua, et signe un vague traité d'amitié avec une tribu locale, les Poyais.

Un an plus tard, Gregor se métamorphose en homme d'affaires mythomane : débarquant à Londres, se présentant comme « roi de Poyaisie », il est reçu en héros par le lord-maire, sollicite navires, colons, inventeurs, sur la promesse d'un « territoire totalement vierge, une sorte de paradis » grand comme quatre fois la Corse.

Remarié à une parente de Bolivar, une beauté, il lève plusieurs emprunts, soit trois cent mille livres sterling, en vendant des concessions sur un royaume qui n'existe pas… Imprimant constitution, billets de banque et passeports, le roi Gregor Ier affrète deux navires dont l'un fait naufrage. Découvrant une terre inhospitalière, les soixante-sept colons restants sont décimés par la fièvre. Scandale ! Poursuivi, dénoncé par le vrai roi des Mosquitos, un allié des Britanniques, Gregor s'enfuit pour Paris, recommence son manège et trouve même des gogos. Et ce pendant dix ans.

Tandis qu'un procès s'ouvre contre lui, Gregor MacGregor rejoint en douce Caracas où il mourra dans le luxe d'un palais, le plus tranquillement du monde, sans jamais avoir remboursé un seul centime.

CHARLES DE LA BATTUT
(DATES INCONNUES)
LE VRAI MILORD L'ARSOUILLE

Bruno Fuligni

Ce vieux mot d'« arsouille » qui a pris aujourd'hui cette sonorité charmante et désuète n'était pas perçu ainsi par nos arrière-grands-parents, pour qui il désignait le fond de la crapulerie et de l'infection, le plus bas degré qu'un individu puisse atteindre dans l'abjection. C'est pourquoi le surnom de Milord l'Arsouille avait, sous la monarchie de Juillet, quelque chose de véritablement infamant pour celui qu'il visait : lord Seymour, riche aristocrate anglais qui vivait à Paris.

Aimant la boxe et les chevaux, ce brave sujet de Sa Majesté croisait sans doute des personnages interlopes dans ces deux mondes spéciaux, mais aucun crime, aucun vol, nulle indélicatesse ne lui ont jamais été reprochés. On a dit que, donnant la forte somme à un mendiant, il jubilait en disant qu'il en faisait un assassin, en lui inoculant le goût du luxe… Pensée perverse tout au plus, si ce n'est la simple manifestation d'un humour grinçant ; l'anecdote, au reste, montre que l'arsouille faisait l'aumône aux nécessiteux, ce qui traduit aussi une certaine générosité. Bref, jamais une réputation, un surnom, n'ont été si peu mérités : « Il ne se commettait pas à Paris une folie retentissante, un grand scandale, une orgie insensée, il ne se faisait pas un pari impossible, une partie ruineuse, une mascarade fastueuse que lord Seymour n'en fût pas l'auteur. Il ne se donnait pas dans tout Paris un coup de poing, un coup d'épée, un coup de canne ; il ne se livrait pas dans un carrefour parisien un grand duel à la savate ou à la boxe, que lord Seymour n'en fût accusé, que dis-je, n'en fût glorifié », s'indigne Paul d'Ivoi dans le *Figaro* en août 1859, une semaine après la mort de l'estimable lord.

Le coupable de ce malentendu ? Un certain La Battut, fils naturel d'un pharmacien de Londres, élevé sur le pavé parisien. Un boxeur lui aussi, avec l'accent anglais, sans doute homosexuel, et qui fricotait avec les pégriots de la capitale. À la mort de son pharmacien de père, ce personnage du bas de l'échelle se retrouve à la tête d'un coquet patrimoine : rien de comparable à la fortune de lord Seymour, mais assez pour en imposer aux miséreux de Paris. Dilapidant son héritage dans les bouges, il devient l'idole des bas-fonds, sous le nom d'un autre !

« Un soir de dimanche gras de 1832, le boulevard fut mis en émoi par l'apparition d'un landau précédé de sonneurs de trompes et dont les six chevaux étaient montés par des postillons porteurs de torches flambantes », raconte l'historien G. Lenotre dans *En France jadis.* « Une ribambelle de travestis – pierrots crasseux, arlequins suspects et bergères d'occasion – lui faisait cortège, et l'homme qui dirigeait cette séquelle de malandrins – un colosse aux manières canailles – faisait stationner son carrosse aux bons endroits et descendait de son char pour provoquer les badauds et tomber sur eux à coups de poing. C'était La Battut, qui, remonté sur son siège, jetait à pleines poignées des pièces blanches à la foule pour s'offrir le spectacle d'épiques pugilats. Comme le bon public ignorait son nom, comme le bruit courait qu'il y avait à Paris un grand seigneur anglais, solide, gaillard, original, apôtre de la boxe et riche à millions, on eut vite fait de reconnaître en l'énergumène du landau l'opulent insulaire, et la cohue, reconnaissante de ses largesses, criait à pleine voix : "Vive lord Seymour !" Cela devint une tradition… »

Imposteur par vanité, escroc désintéressé, le pittoresque Charles de La Battut n'aura volé qu'un nom et une renommée, dépensant en cela un capital légalement acquis.

LE COMTE LIBRI (1802-1869) LE VOLEUR DE LIVRES

Philippe Di Folco

Ce noble florentin au nom prédestiné – *libri* en italien signifie « livres » –, ce grand et authentique mathématicien devra sa chute à son amour immodéré des vieilles éditions.

Il a de qui tenir, il est vrai, en tant que fils unique du comte Giorgio Libri-Bagnano : athée et fervent colonel bonapartiste, rattrapé pour faux en écriture et condamné aux travaux forcés en 1816. Le colonel a laissé sans ressources son épouse, Rosa del Rosso. Livré à lui-même, mais surdoué, Guglielmo Libri est nommé professeur à l'université de Pise. Il a vingt ans. Cet Évariste Gallois italien voit ses découvertes sur la théorie des nombres ovationnées par les académies de Londres, de Berlin et de Turin. Il choisit Paris pour faire carrière et se marier : Arago et Gay-Lussac le propulsent professeur au Collège de France.

Après avoir publié d'importants travaux, Libri, devenu Français, s'arrange pour être nommé en 1841 « chef du bureau d'inspection des bibliothèques françaises ». Quand il débarque dans les réserves aux fins d'en inventorier les fonds, c'est toujours couvert d'une épaisse et longue capeline, exigeant le plus grand silence et que tout le monde sorte. Si fait, il se rue sur les incunables et les manuscrits, ici des lettres de Descartes, là des parchemins médiévaux, qu'il glisse sous son manteau, puis repart.

Après quelques années, les « emprunts » sont signalés au ministre François Guizot qui ferme les yeux. Loin de s'arrêter, Libri continue ses larcins, allant jusqu'à négocier quelques envois à l'étranger. La Bibliothèque nationale obtient un mandat de perquisition chez Libri : on n'y trouve personne, juste une bibliothèque aux rayonnages vides... Alerté par Prosper

Le comte Libri.

Mérimée, et profitant de la confusion révolutionnaire en 1848, Libri s'est réfugié à Londres avec ses bagages : dix-huit malles remplies de pièces uniques qui trouvent refuge auprès de sir Antonio Panizzi, bibliothécaire du British Museum !

Un procès, à Paris, le condamne par contumace pour ce vol de biens publics, évalué à cinq cent mille francs, sans compter les manuscrits mutilés, délestés de près de deux mille dessins originaux. Bien plus tard, de 1884 à 1888, plusieurs ouvrages dépareillés seront identifiés dans des bibliothèques étrangères : la République française négocie et récupère ce qu'elle peut. L'une des plus grandes pertes reste à ce jour une partie de la correspondance de Descartes. En juin 2010, un internaute repère sur le site de l'université de Pennsylvanie une lettre inédite de l'auteur du *Discours de la méthode.* L'Institut de France récupère cette lettre qui lui avait été dérobée par Libri cent soixante-dix ans plus tôt ! Pour ce genre de vol, pas de prescription.

MAHMOUD BEN AYAD
(1805-1880)
LA RETRAITE DORÉE DU GÉNÉRAL

Philippe Di Folco

Le prince-président Louis-Napoléon Bonaparte a-t-il profité des largesses du général tunisien Mahmoud Ben Ayad pour réussir son coup d'État du 2 décembre 1851 ? De combien de châteaux, d'immeubles parisiens, ce dernier s'est-il porté acquéreur à la veille du Second Empire ? À ce jour, personne n'a réussi à déterminer le montant ni l'origine exacts de cette fortune qui enflamma l'opinion jusqu'en 1876 : vingt-cinq ans de procès opposant les services de justice du bey Ahmed à l'ancien homme fort de Tunisie, à la fois ministre-gestionnaire et caïd des fermes

– oliveraies, céréales, sel, tabac, poissons, minerais –, directeur de la Banque centrale et de la Monnaie. On lui reproche d'avoir pillé les ressources commerciales du pays ! La Tunisie n'est pas encore sous protectorat français, mais elle est endettée comme jamais. En 1852, Sidi Ben Ayad, descendant des Mohammedj, une illustre famille de dignitaires ottomans gouverneurs de Djerba, fort de plusieurs dizaines de millions de francs-or, rachète l'hôtel Callot situé 25, quai Anatole-France, puis le château de Bouges dans l'Indre et enfin la galerie Mandar, devenue « passage Ben-Aïed », dans le 2e arrondissement de Paris, qu'il privatise aussitôt. Sans compter des immeubles de rapport, un yacht et des « bijoux familiaux ». Cette même année, Ben Ayad est naturalisé Français, bénéficie d'une immunité et publie une série de pamphlets pour justifier « son désir de vivre loin de Tunis ».

De l'autre côté de la Méditerranée, on s'échauffe, on menace : la presse tunisoise parle de soixante millions détournés *via* un trafic de produits à l'exportation au seul profit de banques françaises ; la famille du général impénitent est assignée à résidence à Tunis, ses biens séquestrés.

En 1860, protégé par un arbitrage de Napoléon III, Ben Ayad part vivre dans le quartier de Scutari à Constantinople, gérant sa fortune à l'ombre du pouvoir ottoman : un véritable camouflet pour le Bey.

À sa mort, l'ex-ministre laisse une veuve, la Française Hélène Nourrissen, et deux fils, Tahar et Ahmed. Devant les tribunaux de Paris, surgissent alors une ex-compagne et un enfant naturel qui réclament jusqu'en 1914 une partie de cet héritage. Mahmoud Ben Ayad ? Plus fort que l'ancien président Ben Ali.

LE MARQUIS DE RAYS
(1832-1893)
SA MAJESTÉ PAS TRÈS CATHOLIQUE

Bruno Fuligni

La baie de Port-Praslin, en Nouvelle-Irlande : c'est là qu'au fin fond de la Papouasie, mourant de faim et de fièvre, un petit groupe de colons sans ressources maudit le marquis de Rays. Un homme en qui pourtant, quelques mois plus tôt, ils avaient placé une confiance absolue, aussi aveugle que leur foi en Dieu.

À partir de 1877, les royalistes français perdent l'espoir d'une restauration monarchique. Les républicains reviennent au pouvoir : des incroyants, des francs-maçons, qui ne manqueront pas de reprendre les persécutions antichrétiennes de la Révolution... Les catholiques s'inquiètent, quand un personnage de haut rang vient leur présenter la solution. Charles-Marie-Bonaventure du Breil, marquis de Rays, apparenté aux plus grandes familles de Bretagne, a beaucoup voyagé et compilé tous les atlas ; il a ainsi repéré, aux antipodes, un vaste territoire qui n'appartient encore à aucune puissance coloniale. C'est là qu'il bâtira Port-Breton, capitale de la Nouvelle-France catholique et monarchique !

L'ancienne France n'est-elle pas gangrenée par l'esprit démocratique, par l'impiété ? C'est en défrichant la Mélanésie que ses meilleurs éléments sauveront les vertus chrétiennes et se montreront dignes de leurs prédécesseurs les Croisés... Le marquis vend donc des titres de propriété, ornés de motifs pieux. Pour éviter les embûches des républicains honnis, ces documents sont émis depuis l'île anglo-normande de Jersey, dernier vestige du duché de Normandie – exempte de tout contrôle tatillon. Les bonnes familles fortunées achètent des liasses de ces papiers bleus, d'autant que le marquis a généreusement offert de nombreux arpents au pape lui-même. D'autres, plus pauvres, s'embarquent avec femme et enfants pour aller cultiver ces vastes domaines de la chrétienté régénérée : de 1879 à 1882, sept cents émigrants partent, dont un septième reposeront pour toujours dans la terre bénie de la Nouvelle-France.

Sur place en effet, la croisade tourne à la catastrophe. Abandonnés de tous, sur une terre particulièrement hostile, les colons en sont réduits à manger des lézards. Mal équipés, mal dirigés, ils meurent à petit feu ; les plus énergiques s'enfuient par mer et l'arrivée aux Philippines de ces naufragés de la foi, délirants et faméliques, déclenche une enquête en France.

Le marquis, il est vrai, s'est bien gardé de suivre ses ouailles. Devenu « Charles Ier, roi d'Océanie », il vit en exil à Barcelone. L'argent tiré des ventes de terres ? Il sert exclusivement à financer sa liste civile – et le monarque mène grand train. Il entretient même trois courtisanes, très attentives à ses menus plaisirs…

Extradé vers la France en 1882, le promoteur de la Nouvelle-France tâte bientôt de la paille des geôles républicaines. Condamné à quatre ans pour escroquerie en 1884, il échappe aux peines plus sévères qu'aurait pu lui valoir la mort d'une centaine de colons, dont il n'est qu'indirectement responsable et qui relève par ailleurs de la justice espagnole. Il purge sa peine, puis se retire en son manoir de Coat Aven, hanté peut-être par les âmes tourmentées des naïfs sujets de Port-Breton.

LE COMTE D'ANDLAU
(1823-1892)
UN POLITICIEN COULÉ

Bruno Fuligni

Les comtes d'Andlau ? De vieille souche alsacienne, une lignée d'officiers et de parlementaires. Le père, Armand-Gaston-Félix, qui a représenté la noblesse aux États généraux, fut premier écuyer de Napoléon : il était à la bataille de Leipzig, où sa bravoure lui a valu la Légion d'honneur, remise sur le champ de bataille.

Cette même décoration, le fils va en faire commerce. Saint-cyrien, officier dans les campagnes de Crimée et d'Italie, terminant sa carrière au grade de général, Joseph-Hardouin-Gustave d'Andlau est bien placé pour savoir que les médailles sont des hochets. « C'est avec des hochets qu'on mène les hommes », avait dit l'Empereur, mais les temps héroïques sont terminés et une foule de civils, par vanité, ou pour inspirer confiance dans leurs affaires, voudraient bien recevoir la croix et arborer le « ruban ponceau » à la boutonnière, sans toutefois prendre de trop sérieux risques physiques. Dans l'Oise, où son père était conseiller général avant de s'éteindre en 1860, le fils se fait élire sénateur en janvier 1876. La maigreur de l'indemnité parlementaire ne lui permettant pas de tenir son rang, il cherche à monnayer ses bons offices.

Or, en 1879, Jules Grévy est élu président de la République, en remplacement du maréchal-duc de Mac-Mahon, démissionnaire. Les républicains conquièrent l'Élysée, où Daniel Wilson, député de Tours et gendre du nouveau chef de l'État, installe un informel « ministère des Recommandations et Démarches » aux prestations tarifées. Parmi ses rabatteurs : le comte d'Andlau, dont l'appartement parisien abrite une véritable une agence d'achat de la Légion d'honneur.

Quand l'affaire éclate, en 1887, la République tremble. Après s'être accroché tant qu'il a pu à son siège élyséen, le père Grévy doit démissionner. Quant au sieur d'Andlau, la police qui vient perquisitionner chez lui ne l'y trouve pas. Pour s'épargner l'ennui d'un procès, le sénateur-comte a fui à l'étranger. Il finira obscurément en Argentine, où il s'éteindra dans les premiers jours de 1892, loin du Paris frondeur qui chantera longtemps : « Rubans, faveurs… Ah, quel camelot ! / Maint'nant, son commerce est *dans d'l'eau.* / Ah, quel malheur d'avoir un gendre ! / Ah, quel malheur d'avoir un gendre ! »

FRIEDRICH WILHELM VOIGT VON MALZAHN

(1849-1922)

LA MAGIE DE L'UNIFORME

Philippe Di Folco

Le 16 octobre 1906, dix soldats allemands voient débarquer sur les rives du lac Plötzen, au nord-ouest de Berlin, un capitaine du 1er régiment d'infanterie de la garde prussienne. Envoyé par le *kaiser* Guillaume, il leur ordonne de l'accompagner dans la ville de Köpenick, située à trente kilomètres, pour une opération secrète de la plus haute importance.

Durant le trajet en train, l'homme au casque à pointe et au regard sévère explique aux simples trouffions que l'Empereur a mis toute sa confiance dans cette opération, que Sa Majesté compte sur une obéissance totale. Personne ne moufte : on ne discute pas les ordres d'un gradé de la garde impériale. À la gare, chacun reçoit de quoi se sustenter largement, avant de découvrir un ordre de mission : arrêter le maire de la ville, sans compter d'autres « scélérats ».

La petite troupe, non sans avoir coupé les lignes télégraphiques, pénètre dans la ville, ordonne à la police locale de sécuriser les routes, puis se rend à la mairie où elle met aux arrêts le bourgmestre ainsi que tout le personnel. Le capitaine, toujours au nom du *Kaiser*, demande à voir le livre des comptes, puis exige qu'on lui remette le contenu des coffres, soit quatre mille marks-or. Une employée, tremblante, soumet à la signature un reçu, et le capitaine s'exécute, griffonnant un « Capitaine Voigt von Malzahn, au nom de Sa Majesté Guillaume ».

Maintenant sous bonne garde les notables de Köpenick, grâce à sa troupe et à la police, le capitaine se rend ensuite à la gare, troque son uniforme pour des habits civils et disparaît.

Dix jours plus tard, Voigt est arrêté dans un restaurant huppé sur l'avenue Unter-den-Linden, puis immédiatement déféré devant un tribunal pour « usurpation d'identité, séquestration, faux en écriture et vol ». L'affaire fait grand bruit : toute la presse allemande, puis étrangère, s'en empare, les journaux satiriques en profitent pour tourner en ridicule l'armée et les naïfs bourgeois, d'autres dressent un portrait émouvant de Voigt en « citoyen sans passeport, sans travail, et au bout du rouleau », non sans souligner son « génie de l'imposture ». Condamné à quatre ans de prison mais soutenu par l'opinion publique, il sera gracié deux ans plus tard par le *Kaiser*, lequel aurait trouvé l'histoire « très amusante et révélatrice : aucun pays ne possède une armée comme la nôtre ».

Qui est donc ce Friedrich Wilhelm Voigt, cas unique dans les annales judiciaires allemandes ? Né en Prusse, à Tilsit, d'un père cireur de chaussures, il écope dès l'âge de quatorze ans d'une peine de prison pour vagabondage, puis entre 1864 et 1891, oscille entre menus larcins et cellule, apprenant de ses condisciples l'art du mensonge et de l'escroquerie. Profitant du sens de la discipline inhérent aux Prussiens, de leur respect pour l'aristocratie et l'armée, il échafaude un plan pour détrousser la ville de Köpenick, alors qu'il était interdit de territoire.

Son faux titre de noblesse ? « Von Malzahn » est tout simplement le nom de la dernière prison où il a séjourné ! Rendu à la rue, n'ayant plus rien à perdre, sans foyer ni emploi, voire sans identité, Voigt cherchait le moyen d'obtenir un faux passeport pour pouvoir partir en Amérique et refaire sa vie.

Une fois purgée sa peine, il profite largement de sa notoriété : fort d'un capital de sympathie, devenu une sorte de héros des temps modernes, Voigt a droit à sa statue de cire au musée Grévin berlinois, monnaye témoignages et reportages dans divers magasines, donne des conférences, y compris à l'étranger, publie sa biographie, met en scène au théâtre sa supercherie, quand il n'est pas invité dans des soirées mondaines. Certains affirment qu'il aurait dérobé non pas quatre mille, mais deux millions de marks ! Avec le temps, le « capitaine de Köpenick » s'enrichit, grâce à des disques, des livres et bientôt des films sur le mode comique. En 1910, il part pour une tournée triomphale aux États-Unis, puis s'installe à Luxembourg, où il meurt paisiblement.

« Köpenick » finira par passer dans le langage courant, *Köpenickiade* signifiant aujourd'hui « se faire rouler ». Une gloire posthume pour un moins que rien, et qui vaut bien tous les actes de bravoure sur les champs de bataille.

LE MARQUIS DE CHAMPAUBERT
(?-1929)
LES MAUVAIS TUYAUX DU MARQUIS

Matthieu Frachon

C'est un curieux personnage qui s'établit dans la jolie station balnéaire de Dinard en 1924. Il se présente comme le marquis de Champaubert, chevalier de la Légion d'honneur, administrateur délégué des mines de Phuond-Do, administrateur général des mines d'Uyen-Kuang et de Thaï-Nguyen, au Tonkin. N'en jetez plus, la cour du château est pleine !

En fait de château, le marquis commence par vivre à l'hôtel. Il déclare à qui veut l'entendre qu'il recherche une demeure pour s'établir à Dinard avec son épouse. Avec sa rosette rouge à la boutonnière de ses costumes sur mesure, M. de Champaubert en impose et il règle sans sourciller les factures. Très vite, il trouve son bonheur immobilier : le Castel du Prieuré, une villa rococo de la Belle Époque. Monsieur le marquis, madame et leur jeune bonne sont discrets, mais ils intriguent.

Dinard est une petite ville : les rumeurs atteignent vite le commissariat central de Saint-Malo, d'où une demande d'information est transmise à Paris. L'aristocrate semble sans reproche, il n'y a aucun Élie de Champaubert dans les fichiers criminels de la Sûreté générale – mais il n'existe pas plus de marquis de ce nom dans les registres de la noblesse française, ni surtout dans le très à jour annuaire de la Chancellerie de la Légion d'honneur… Au Contrôle général des recherches judiciaires, on flaire l'escroc, d'autant plus que de nombreux bijoutiers ont été approchés par le marquis. Celui-ci désire voir de belles pièces, à domicile, en son castel de Dinard.

Le commissaire Schwab, de Saint-Malo, reçoit le renfort de collègues parisiens pour tendre un piège au marquis. Parmi les inspecteurs venus de la rue des Saussaies, figure Pierre Bonny, futur complice d'Henri Lafont durant l'Occupation au sein de la Gestapo française de la rue Lauriston. Bonny, qui se présente au Castel du Prieuré le 24 septembre 1924, joue le rôle d'un joaillier de Deauville. Élie de Champaubert le fait entrer dans une pièce, puis sort en fermant la porte sous prétexte d'aller chercher son épouse.

Bonny commence à fouiller l'endroit, puis il sent une forte odeur de gaz. Il se précipite sur la porte : fermée à double tour !

Le policier est piégé : que faire ? Il casse un vitrail, l'air s'engouffre en même temps que les autres policiers, qui passent les menottes à l'escroc.

Le marquis de Champaubert s'appelle en vérité Clément Passal, un maître de l'arnaque. Il a transformé une pièce de la villa en chambre à gaz, pour détrousser les bijoutiers après les avoir endormis. Peu désireux de suivre tant de nobles sous le couperet de la guillotine, le faux marquis ne voulait pas tuer ses victimes.

La marquise ? Une ex-chanteuse, devenue sa complice. La bonne ? C'est sa femme, la vraie, épousée devant M. le maire. Le trio part en prison et l'inspecteur Bonny obtient les félicitations de ses supérieurs.

Mais l'histoire ne s'arrête pas là : Passal, *alias* M. de Champaubert, va soigner sa sortie, bien involontairement. Jouant la folie, il parvient à retrouver la liberté en 1929, mais au lieu de se tenir tranquille, il ne tarde pas à refaire surface dans les journaux : le « marquis » a disparu, victime d'un enlèvement ! Sa mère reçoit d'étranges lettres, au chiffre d'une organisation de justiciers amateurs, les Chevaliers de Thémis. Dans un dernier courrier, ses ravisseurs indiquent qu'ils vont l'enterrer vivant, parce qu'il n'a « payé ses crimes que trop légèrement ». Affolée, la maman de l'escroc prévient la police. Les inspecteurs se ruent à Verneuil-sur-Seine, dans le bois de la Justice, si bien nommé. On déterre un cercueil : à l'intérieur, Clément Passal, mort ! Stupéfaits, les policiers découvrent que le cercueil est relié à l'extérieur par un tuyau. Ils arrêtent un complice habituel du bandit, le cuisinent et le font vite avouer : tout cela n'était qu'une mise en scène, destinée à assurer une promotion tapageuse et gratuite aux Mémoires du pseudo-marquis, un tissu de mensonges qu'un éditeur allait publier. Hélas, le dispositif de survie du trop imaginatif escroc s'est bouché…

EDGAR DE BOURBON
(1866-1932)
MAIGRET ET LE PRINCE

Matthieu Frachon

« La réalité dépasse toujours les plus romanesques imaginations », affirme le commissaire Guillaume dans ses Mémoires, en préambule de l'affaire Edgar de Bourbon.

Marcel Guillaume, patron de la Brigade spéciale criminelle, la Crim' du 36, quai des Orfèvres, de 1930 à 1937 : Maigret en personne. C'est ce policier à la grosse moustache que Simenon prend comme principal modèle pour affiner son Maigret, fort peu crédible dans les premiers romans.

Le 16 août 1932, Marcel Guillaume entre dans la chambre n° 59 d'un minable hôtel de la rue du Bouloi, dans le quartier des Halles. Rien n'a été touché, la scène est sinistre : un homme, un vieillard, est affalé sur le fauteuil, la gorge tranchée avec une telle sauvagerie que sa tête a presque été détachée des épaules. Sur la table, des produits de beauté voisinent avec des tasses sales, des taches de graisse. Le rasoir fatal est là, rouge écarlate.

Un agent arrive et prévient Marcel Guillaume qu'une femme vient de se présenter au commissariat du Palais-Royal pour avouer le crime. Devant le policier du 36, Candelaria Brau-Soler, une brune espagnole de quarante-quatre ans, affirme avoir égorgé à cinq heures, le matin même, son amant le prince Edgar de Bourbon. La femme apparaît au commissaire comme un « insecte tassé sur ses courtes pattes ». Le drame, lui aussi, est assez vulgaire : le prince, charmant et attentionné en public, devenait un vieillard tyrannique, violent dans l'intimité. Ce matin-là, il l'a menacée avec le rasoir, elle a retourné l'arme contre lui, et a frappé, frappé…

Mais qui est cet Edgar de Bourbon ? Portant beau, élégant, l'homme se disait le fruit des amours clandestines de l'empereur d'Autriche François-Joseph et de la princesse Alice de Bourbon. Ruiné, ses biens confisqués après la chute des Habsbourg en 1918, Monseigneur a été recueilli par une famille noble à Neuilly : il a sa chambre, son fauteuil et sa place à table. Il monte un cheval qu'on lui prête, et chacun salue, dans les allées du bois de Boulogne, la distinction de cet homme de haute lignée. Il va retrouver sa maîtresse plusieurs soirs par semaine.

Il ne faut pas longtemps au commissaire Guillaume pour découvrir qu'Edgar de Bourbon et l'escroc italien Carlo Lorioli ne font qu'un. Habile mythomane, le « prince » a écumé l'Angleterre, les États-Unis, l'Espagne, avant de s'installer en France. Il a même proposé ses services à Mussolini. Comme les autres, sa maîtresse croyait dur comme fer à la légende du prince déchu.

Candelaria Brau-Soler sera acquittée. Marcel Guillaume conclut : « La fin du faux prince a été lamentable, mais sa malheureuse maîtresse n'a-t-elle pas été sa victime durant des années ? »

GAÉTAN L'HERBON DE LUSSATS
(1888-1962)
LE BARON DE PIGALLE

Matthieu Frachon

Gaétan L'Herbon de Lussats n'est pas un nom de guerre. C'est un authentique baron, un aristocrate, une figure du Milieu montmartrois des années 1930 à l'après-guerre.

Son marquis de père a quitté l'armée pour un poste au casino de Monte-Carlo et Gaétan, né le 8 août 1888, a passé une enfance heureuse sur le Rocher : il est le cadet de M. le marquis, il est Monégasque, il a l'avenir devant lui. Mais le père tombe malade et meurt. À neuf ans, Gaétan se rend compte que les placards dorés des grandes familles ont aussi leurs cadavres : sa mère est la maîtresse de son précepteur, un abbé. Pour être tranquille, le couple n'hésite pas à piquer le jeune garçon à la morphine ! Il se sauve, fréquente la pègre de Nice, apprend à forcer une serrure, à tricher aux cartes, à plumer les badauds au bonneteau. À quinze ans à peine, il s'embarque pour l'Amérique.

Là, le baron continue à faire ses classes en apprenant à tirer et se révèle très doué pour « maquiller » des papiers d'identité. La police le coince et l'expulse vers l'Angleterre. Comme les États-Unis, le pays est en avance en matière de truanderie. Les voyous français de la Belle Époque, les apaches, la bande à Bonnot, font pâle figure à côté des gangs de New York ou des terreurs du quartier de Deey Street, à Londres. Le jeune homme est arrêté, connaît les joies relatives du *hard labour* (travaux forcés) avant d'être expulsé. La guerre est là : il se montre d'abord digne héritier de son grand-père général, avant de « piquer le louf », de jouer le fou pour être réformé.

À lui Pigalle ! Le milieu est enfin né en France, le baron se fait bookmaker, escroc, tenancier de boîtes de nuit comme *Le Capitole* ou *Le Grand-Duc*, lieux magiques où le mousseux à trois francs cinquante se transforme en champagne à cinq cents balles la roteuse ! Que le client récrimine et les bras du Gros Albert, son ami et complice, ramènent vite le protestataire à une saine compréhension des joies de la nuit. Une affaire manque mal tourner : l'aristocrate abat deux hommes lors d'une partie de cartes. Défendu par Me Henry Torrès, il sort libre de la cour d'assises : légitime défense.

Dès lors, entre le grand pénaliste et le baron, c'est à la vie, à la mort. Le voyou va même servir de garde du corps à l'avocat lors du procès Schwartzbard, un révolutionnaire juif qui a tué à Paris le nationaliste ukrainien Petlioura, responsable de pogroms pendant la guerre civile russe. L'aristocrate devient aussi l'ami de Joseph Kessel, qu'il introduit dans le Montmartre des truands : durant l'Occupation, le grand « maquilleur » qu'il est resté fournira des faux papiers à l'écrivain, ainsi qu'une carte d'identité pour sa mère, sous le nom plus aryen de « Mme Quaysselle ».

On le surnomme « le Croquemort », tant sa figure paraît austère : costume sombre, chaussures en daim, gants de pécari, le baron devient le correspondant parisien des gangsters de Marseille Carbone et Spirito, ceux qui ont inspiré *Borsalino.* Il navigue entre la Côte d'Azur et la capitale, se faisant agent électoral pour politiciens véreux.

Il va épingler une belle victime à son tableau : Georges Simenon. En 1934, lors de l'affaire Stavisky, l'écrivain se prend pour Maigret et se pique de résoudre la mort mystérieuse du conseiller Prince : chef de la section financière du parquet, le magistrat a été retrouvé écrasé sur une voie de chemin de fer, à La Combe-aux-Fées, près de Dijon. Pierre Lazareff, rédacteur en chef de *Paris-soir*, a chargé Simenon de l'enquête. Le créateur de Maigret sur la trace des assassins, voilà un titre qui claque ! Le baron escroque le romancier, lui soutirant de l'argent contre des renseignements : « C'est un crime du milieu commandité par les grosses huiles des banques. » Et l'écrivain tombe dans le panneau, publiant des accusations fantaisistes. Le Milieu rigole, la police arrête quelques malfrats, puis les relâche.

« La bonne blague ! » s'esclaffe devant les reporters Paul Bonnaventure Carbone à sa sortie. Gaétan L'Herbon de Lussats se retire à Monaco en 1937 : il va fournir ses amis en faux papiers durant l'Occupation, avant d'installer les premières machines à sous à Monte-Carlo. Celui que Kessel décrit comme un homme « à la gueule de Scapin triste » meurt en 1962, paisiblement.

SERGE DE LENZ
(1895-1946)
UN CAMBRIOLEUR PAS VRAIMENT GENTLEMAN

Matthieu Frachon

La presse est avide de raccourcis, hier comme aujourd'hui. En janvier 1923 s'ouvre le procès de Serge de Lenz, vingt-huit ans, fils d'une marquise et d'un banquier. L'homme est le mystérieux cambrioleur qui écume les appartements de la noblesse parisienne depuis des mois. Pour les journaux, il est « le vrai Arsène Lupin », « l'homme aux cent fric-frac ». Le créateur du gentleman cambrioleur, Maurice Leblanc, n'est pas de cet avis. Il conteste toute ressemblance entre son Lupin et cet imitateur. Il le clame haut et fort aux nombreux journalistes : « Serge de Lenz est un criminel sans foi ni loi. Il est indigne de figurer aux côtés d'Arsène Lupin dans les annales du vol. »

On ne peut vraiment donner tort à l'écrivain : Serge de Lenz est un gigolo mondain, homosexuel, porté trois fois déserteur pendant la Grande Guerre. Séduisant, élégant, mais il manque de panache. Il choisit ses victimes dans le carnet d'adresses de sa marquise de mère, agit comme un vulgaire casseur, en leur absence, en trompant la surveillance du gardien de l'immeuble. C'est d'ailleurs une bignole, une concierge, qui le pince avec son butin lors de sa sortie. Quel manque de classe !

La suite des événements donnera raison à Maurice Leblanc. Condamné à dix ans de prison, « il va donner toute la mesure de son ignominie. Mouchard et provocateur, il accomplit une telle quantité de vilenies que, pour le récompenser des "services rendus", on le libéra avant l'expiration de sa peine », affirme le journal *Détective.* Dans les années noires de l'Occupation, Serge de

Lenz rejoint la bande de Rudy de Mérode, une des sinistres officines auxiliaires de la Gestapo. Il a un penchant funeste : chargé de récupérer les valeurs précieuses pour les Allemands, il garde une partie du butin. Dénoncé, il est arrêté par la bande rivale de la rue Lauriston, livré à l'occupant, jugé et déporté à Dachau.

Sa fin est à la fois tragique et minable. Alors que tout le monde le pense mort dans un camp de concentration, il revient à Paris sous un « toc » (faux nom en langage policier). Il reprend ses cambriolages, mais un soir de 1946 son complice, une véritable brute, le bat à mort, le laissant agonisant, l'intestin perforé, sur le sol de son appartement.

La légende du vrai Arsène Lupin n'était qu'un rêve de journaliste, une histoire trop belle pour être vraie.

LE COMTE CHALVET BAUNY DE RÉCY
(1913-1999)
LE PAS BON D'ARRAS

Bruno Fuligni

Le 3 novembre 1949, l'Assemblée nationale se réunit sur un ordre du jour inhabituel : une « demande en autorisation de poursuites », c'est-à-dire la levée de l'immunité parlementaire qui protège un collègue.

L'intéressé semble pourtant au-dessus de tout soupçon : Antoine Chalvet Bauny de Récy, ancien officier, blessé pendant la campagne de France en 1940, deux fois évadé. Ancien aide de camp du général Giraud, il a rejoint la France libre et compte parmi les organisateurs des « commandos de France », parachutés pour préparer le terrain au Débarquement. Cet homme d'action n'a que trente-deux ans quand la guerre prend fin et une belle carrière semble s'ouvrir à lui : président de l'Union des évadés de France, il est membre de l'Union gaulliste qui lui donne la tête de liste dans le Pas-de-Calais, aux législatives de 1946. Le voici député. À ce titre, il est désigné membre de la Haute Cour de justice, celle qui a le pouvoir de juger les ministres. Et voici qu'à son tour, il est poursuivi pour « vol, violation de domicile, usage frauduleux d'un timbre de l'autorité publique, faux en écriture publique ou authentique et usage desdits faux, contrefaçon d'effets émis par le Trésor avec son timbre et usage desdits effets contrefaits, escroqueries, recels »...

« Les faits sont très graves et nécessitent que toute entrave à l'exercice d'une justice sérieuse soit enlevée d'urgence par nos soins », prévient le rapporteur, André Pierrard, député communiste du Nord, qui se régale. « Il est en tout cas établi que le comte de Récy est, depuis longtemps, entouré d'individus des plus douteux. Un repris de justice l'aide dans sa campagne électorale : il s'agit de Sciorato, qui avoue les relations de confiance et de dévouement qu'il entretient avec M. de Récy. Chez ce Sciorato, on trouve une mitraillette et deux revolvers appartenant à M. de Récy. »

« L'affaire des bons d'Arras » passionne il est vrai les Français. Élu pour contrôler l'emploi des finances publiques, le député est allé plus loin, puisqu'on lui reproche d'avoir tout simplement pillé la trésorerie générale de son département !

Le pivot de l'affaire n'est toutefois pas Récy, mais Dordain : une figure lui aussi, ancien délégué à l'Assemblée consultative provisoire, le « parlement de la Résistance ». Commerçant à Arras, homme à femmes brassant beaucoup d'argent, il a prêté de fortes sommes à un caissier de la trésorerie, Eugène Dupuis, qu'il tient ainsi dans sa main. En février 1949, Dupuis accepte de subtiliser des bons du Trésor vierges, pour une valeur de trente millions de francs, que Dordain, Récy et Sciorato recyclent immédiatement en dollars et lingots d'or. Le comte, qui entrepose la joncaille dans son appartement de la rue de l'Université, tout près du Palais-Bourbon, transforme l'or en actions

PAS-DE-CALAIS 329

(2e circonscription)

M. Antoine de RÉCY

Groupe des républicains indépendants

Né le 20 mars 1913 à Paris

Officier

Le comte Chalvet Bauny de Récy, gentleman-député-cambrioleur.

de la société Arlux, puis fait antidater l'opération. Ce blanchiment un peu rustique aurait pu à la rigueur passer inaperçu si le caissier Dupuis, pressé par Dordain, n'avait entre-temps dérobé de nouveaux bons : soixante-dix millions de francs cette fois !

Le précieux papier est entreposé chez la maîtresse de Dordain, une folâtre demoiselle Méheut, et le couple part fêter sa fortune au Touquet. Mais la bande a vu trop gros et, le 19 juillet 1949, le vol est découvert. Arrêté le 24, Dupuis a le temps de prévenir ses complices. Et l'appartement de Mlle Méheut est mystérieusement cambriolé...

Il aurait fallu détruire les preuves, purement et simplement. Mais comment se résoudre à brûler soixante-dix millions de francs ? Deux jours seulement après le cambriolage, deux hommes se présentent aux guichets de la Banque de France, à l'agence de Levallois-Perret, pour tenter bien stupidement de négocier un million en bons du Trésor... La police est très vite sur les lieux : Sciorato est arrêté, tandis que le comte de Récy, excipant de sa qualité de parlementaire, est laissé libre jusqu'à la levée de son immunité.

Voleur, receleur et cambrioleur, le député du Pas-de-Calais est présent dans l'hémicycle pour assister à sa mise à mort politique. « Ici, il ne s'agit pas de délit de presse, de délit d'opinion ; il s'agit d'un épisode du gangstérisme qui va se développant dans le pays », tonne Pierrard, qui ne distingue pas forcément gangstérisme et gaullisme... Un autre communiste interrompt d'ailleurs, pour rappeler que, dans sa profession de foi, le comte proclamait : « Voter de Récy, c'est voter de Gaulle. » Le démocrate-chrétien Hutin-Desgrées proteste : « Ne mêlez pas de Gaulle et de Récy, des récits d'Ali Baba ! »

« Je suis innocent ! Je suis innocent de tous les crimes effroyables dont on m'accuse », déclare enfin l'intéressé, qui demande lui-même la levée de son immunité pour pouvoir se défendre devant les tribunaux. Pleine de panache en apparence, cette affirmation ne lui coûte rien, car il est certain que l'autorisation de poursuites sera votée. Comme le lui fait remarquer le président de séance, il aurait suffi qu'il donne sa démission, qu'il avait d'ailleurs annoncée : pourquoi est-il revenu dessus ? « Pour pouvoir élever aujourd'hui devant vous cette protestation que je vous devais », se justifie Récy. Grandiloquent, mais peu convaincant, le comte dénonce « l'effroyable machination » dont il se dit la victime : « Je n'ai fui ni la vie, ni la justice, ni cette séance et je suis prêt à défendre jusqu'au bout l'honneur de mon nom, celui de mes parents, celui de mes enfants. »

L'ancien résistant n'a-t-il pas su raccrocher, renouer avec une vie normale de notabilité provinciale, après des années de clandestinité et de combat ? S'est-il laissé entraîner trop loin par ses mauvaises fréquentations ? Car le « gangstérisme » continue après la levée de son immunité, avec l'assassinat du percepteur d'Arras le 30 juillet 1950, puis l'envoi de menaces de mort à la juge d'instruction, qui tombe en dépression…

À la douzième audience de son procès devant la cour d'assises de Versailles, le 24 mai 1952, Récy admet enfin sa participation au vol. L'ex-législateur est condamné à dix ans de travaux forcés, dix ans d'interdiction de séjour et cinquante mille francs d'amende. En octobre 1953, sa peine est commuée en huit années et demie de simple emprisonnement.

Quand il sort, de Gaulle est au pouvoir, mais le comte de Récy n'a plus guère d'avenir en politique… Père de six enfants, il se retranche dans la vie privée et parvient à se faire oublier. Lorsqu'il s'éteindra, à Galluis (Yvelines), le 31 octobre 1999, la délinquance financière aura fait de considérables progrès techniques.

LE MARQUIS DE CHERISEY
(1923-1985)
DA VINCI CANULAR

Matthieu Frachon

Sur la plupart des photos, Philippe, marquis de Cherisey, semble se moquer du monde. La trajectoire de cet authentique rejeton d'une des plus vieilles familles de Lorraine témoigne de son esprit farceur. En 1946, le jeune homme âgé de vingt-trois ans annonce à ses parents qu'il se destine au métier de comédien. Un marquis saltimbanque ? La famille dit non, mais Philippe entre au cours Simon. Il va enchaîner une quarantaine de films, jouant les utilités sous le pseudonyme d'Amédée : un pêcheur à la ligne dans *Si Paris m'était conté* de Sacha Guitry, quelques répliques dans *Papa, Maman, ma femme et moi* avec Robert Lamoureux, un second rôle dans *Jeux interdits* de René Clément… Le marquis commet aussi quelques émissions satiriques à la radio.

Dans le cercle de ses amis, un personnage retient l'attention : Pierre Plantard, né en 1920. Il tente de fonder plusieurs associations collaborationnistes durant l'Occupation. Son dossier de police affirme que « Plantard apparaît comme un jeune homme illuminé et dégénéré, se croyant seul capable de bien diriger la jeunesse française ». Un peu escroc, vivant aux crochets de sa mère, il découvre une véritable pépite, un magnifique attrape-gogo : l'histoire de l'abbé Saunière. Ce curé de Rennes-le-Château qui détournait l'argent des quêtes, au début du XXe siècle, affirmait avoir trouvé des parchemins prouvant l'existence d'une branche cadette des Mérovingiens. En 1956, un restaurateur en mal de publicité relance la légende du trésor des Templiers découvert par l'abbé. Plantard fonde aussitôt une association, le

Prieuré de Sion, se fait appeler « Pierre de France » et se prétend descendant de Dagobert.

Cherisey marche dans la combine et réalise de faux documents : *Les Dossiers secrets d'Henri Lobineau.* Le marquis les fait déposer anonymement à la Bibliothèque nationale, où ils sont « découverts » par Plantard. Le Prieuré devient une organisation secrète ayant eu comme membres Léonard de Vinci, Cocteau, Einstein… Le marquis se fâche avec son ami un peu trop escroc et rit de la bonne blague dans son livre, *Circuit.* Ni lui, mort en 1985, ni Plantard disparu en 2000, ne verront le succès planétaire du *Da Vinci Code,* thriller ésotérique fondé sur l'affaire du Prieuré de Sion, dont les personnages se nomment Plantard ou Saunière.

L'ÉCHELLE DE CORDE DE LATUDE

Le matin du 26 février 1756, le petit monde de la Bastille est au désespoir. Latude et Allègre, son compagnon de cellule, viennent de s'évader ! Le porte-clefs ainsi que les gardiens de service sur les tours cette nuit-là sont aussitôt mis au cachot. Le gouverneur demande à la terre de s'ouvrir sous lui pour ensevelir son déshonneur. Le tout-puissant lieutenant général de police de Paris accourt, qui rend compte au ministre de la Maison du roi pour qui le plus dur reste à faire : informer Louis XV de la stupéfiante nouvelle.

L'échelle de corde de Latude, conservée au musée Carnavalet.

À la Bastille, on suit pas à pas le trajet des évadés en rassemblant les pièces à conviction : les nombreux barreaux obstruant la cheminée qui ont été sciés, une petite échelle de corde qui a permis de descendre de la haute cheminée sur la plate-forme, une très grande de quatre-vingt-deux pieds (vingt-cinq mètres) pour descendre dans les fossés et une échelle démontable pour en sortir. La grande échelle de corde est une merveille de réalisation, de l'avis même du lieutenant de police. Entièrement faite de fils tressés, elle comporte cent cinquante et un échelons de bois qui ont été taillés avec une scie de fortune dans les bûches de chauffage. Comble de précaution, ils ont été recouverts de tissu pour amortir le bruit de leur choc contre la muraille. Les deux prisonniers ont mis dix-huit mois à préparer leur évasion, travaillant la nuit et dormant le jour. Quant au tissu nécessaire pour tresser les échelles, il a été obtenu grâce à une quantité phénoménale de chemises, de culottes, de bas, de linge, de mouchoirs, de draps retaillés – les ourlets soigneusement recousus –, sans cesse réclamés par les prisonniers et obtenus aux frais du roi. À la Bastille en effet, on passe volontiers leurs caprices aux détenus.

C'est à peine si le major s'est étonné d'une telle consommation. Il y avait pourtant tout lieu de se méfier de Latude, qu'à l'époque on appelle Danry. En 1749, il a envoyé un faux colis piégé à Mme de Pompadour, la favorite du roi, et s'est précipité à Versailles pour dénoncer le pseudo-complot. La police a eu tôt fait de découvrir la supercherie et une lettre de cachet a expédié Danry à la Bastille, puis au donjon de Vincennes d'où il s'est évadé en 1750. Repris, mis à la Bastille dont il s'évade, il est repris de nouveau car il a la sotte idée d'écrire à chaque fois au lieutenant général de police pour exiger réparation d'un emprisonnement selon lui immérité. Remis à Vincennes, il s'en évade encore pour être encore repris. De la Bastille à Vincennes et de Charenton à Bicêtre, il va connaître ainsi trente-cinq années de captivité. Il est libéré en 1784 et devient la coqueluche d'un Paris prérévolutionnaire qui fait de lui la victime exemplaire du « despotisme royal ». Évidemment, sa célébrité

L'évasion de Latude.

décuple après le 14 juillet 1789. Il publie ses Mémoires en 1790 sous le nom de Henri Masers de Latude. Enfant illégitime, il s'est inventé un père : le marquis de Latude. « Mon éducation fut celle d'un gentilhomme », mais « la véritable histoire de ma vie n'est que celle de mes malheurs ».

« Le vicomte de Latude, pensionnaire du roi » bénéficie d'une pension de l'Assemblée nationale. Mieux, il obtient d'importants dommages et intérêts en assignant en justice les héritiers de Mme de Pompadour ! Il meurt oublié de tous, le 1er janvier 1805.

Une huile sur toile d'Antoine Vestier l'immortalise, montrant du doigt la Bastille qu'on est en train de démolir, son autre main reposant sur sa fameuse échelle de corde. Celle-ci – la grande – a d'abord été conservée à la Bastille comme pièce à conviction de la coupable industrie du roi de l'évasion. Après 1789, l'échelle a changé de vocation, devenant le symbole de la révolte des innocents « enterrés vivants dans les prisons d'État ». Latude l'a récupérée avant de l'offrir en grande pompe à l'hôtel de ville de Paris. Elle est aujourd'hui exposée au musée Carnavalet.

CHAPITRE III

GENTILSHOMMES BAGNARDS

Victor-Henry, marquis de Rochefort-Luçay, est né le 30 janvier 1831 tout à fait désargenté, d'un père incapable de penser à autre chose que faire jouer ses œuvres au théâtre. Sous le nom plébéien de Henri Rochefort, il devient « le prince des polémistes », un journaliste dont la plume acérée fait trembler les notabilités du Second Empire. Il se montre si virulent sous la Commune que, traduit devant le conseil de guerre, il est condamné le 3 septembre 1871 à la déportation dans une enceinte fortifiée. Après avoir croupi au fort Boyard, il doit s'embarquer en juin 1872 pour la Nouvelle-Calédonie.

Là, Rochefort fait jouer sa famille, ses amis, ses frères aussi, car il est franc-maçon. Et dans la nuit du 19 au 20 mars 1874, avec six autres déportés, il rejoint à la nage un navire britannique dont le capitaine, maçon lui-même, le conduit en Australie. Bientôt les évadés vont regagner l'Europe.

« L'auberge néo-calédonienne où le gouvernement nous avait claquemurés ne cadrait en rien avec nos habitudes parisiennes : nourriture insuffisante, service défectueux, manque absolu de confortable. Devant le peu d'égards que nous témoignaient nos aubergistes et l'insuccès de nos réclamations, nous prîmes une résolution énergique, celle de déménager à la cloche de bois », résumera le marquis avec une verve de grand seigneur.

Cette évasion célèbre n'épuise cependant pas la chronique des relations entre ces milieux antagoniques que sont l'aristocratie et le bagne. Dans les villes portuaires de la métropole, puis aux colonies, les condamnés aux travaux forcés sont plutôt des êtres frustes, illettrés, qu'une existence de misère a poussés au vol et à la violence. La consultation des registres permet toutefois de repérer quelques personnages distingués, à la destinée singulière.

LE COMTE PONTIS DE SAINTE-HÉLÈNE (1775-1834) « LE FORÇAT-COLONEL »

Franck Sénateur

Le 10 juillet 1819, la cour d'assises de la Seine condamne le comte de Sainte-Hélène aux travaux forcés à perpétuité. Comment un noble de si belle lignée, s'étant particulièrement distingué dans de nombreux faits d'armes, peut-il terminer sa vie au bagne de Brest, misérablement, parmi les pires rebuts de la société ?

Tout commence en 1817, lors d'une revue de troupes de la garnison de Paris, place Vendôme. Le lieutenant-colonel de Sainte-Hélène a fière allure sur son cheval blanc au-devant de son régiment. Les badauds sont venus nombreux admirer la parade et tous n'ont d'yeux que pour le brillant état-major. Tous, y compris un homme à l'air fuyant, méfiant, silhouette informe cabossée par la vie. Il s'appelle Darius : c'est un forçat libéré du bagne de Toulon et lui aussi regarde le bel officier avec insistance, creusant sa pauvre cervelle pour y retrouver les souvenirs de l'homme qui chevauche devant lui… C'était au bagne, il en est presque sûr, mais comment cette transformation incroyable a-t-elle pu se produire ?

Après le défilé, il suit le comte jusque chez lui. Là, il se jette sur lui et lui lance, les yeux dans les yeux : « Coignard, maudite fripouille, te souviens-tu de moi ? Je suis Darius, ton ancien compagnon du bagne ! Tu as fait fortune et moi je suis toujours pauvre. Donne-moi quelque chose. »

Le comte, on s'en doute, le fait chasser aussitôt. Sur la chaussée, levant au ciel un poing vengeur, le misérable s'écrie : « Ah, tu ne veux pas me reconnaître ! Eh bien tu verras ce qu'il t'en cuira… »

Fou de rage et de jalousie, il se rend immédiatement au ministère de l'Intérieur où il raconte son histoire. À cette époque, la lutte contre la récidive et la recherche de forçats évadés sont une véritable obsession. Les indicateurs de tous bords sont encouragés par des fonds secrets, spécialement votés à cet effet.

Les révélations de Darius provoquent la stupeur des policiers. L'affaire est d'abord jugée invraisemblable, mais devant l'insistance de l'ex-forçat et la précision des faits, elle remonte finalement jusqu'au cabinet du ministre.

Ancien juge, puis préfet de police, Élie Decazes est un fidèle serviteur de Louis XVIII qui lui accorde une confiance presque paternelle. Son soutien sans faille au roi, lors de la tentative de retour de l'Empereur, lui a ouvert une carrière brillante et il est même pressenti pour devenir président du Conseil… Pas question de risquer une bévue.

Il fait donc alerter le général Despinoy, qui commande la place de Paris depuis septembre 1815 et a dans ses attributions la police et la surveillance des militaires. Darius lui répète ses propos accusateurs, sans changer une virgule à son récit. Hyacinthe-François-Joseph Despinoy ne peut juger que sur des faits, il fait donc convoquer le comte pour entendre son explication. Naturellement, celui-ci contredit les accusations, s'indigne, se drape dans sa dignité et contre-attaque : que valent les propos calomnieux d'un forçat contre la parole d'un véritable aristocrate, qui plus est sous la Restauration ?

Une perquisition et une enquête confirment l'imposture : Pierre Coignard est bien cet évadé du bagne de Toulon qui en 1805, après cinq années de chaîne, a réussi à s'enfuir et à rejoindre la Catalogne. Il a rencontré l'ancienne femme de chambre d'un noble français émigré sous la Révolution, Pontis de Sainte-Hélène, mort depuis peu. La jeune femme ayant conservé les titres authentiques du comte, ainsi que ses états de service, l'idée de s'en servir lui parut naturelle… Loin d'être un ingrat, Coignard fit même de la petite bonne inculte la comtesse de Sainte-Hélène et ensemble ils prirent le chemin de la France où, sans cette fatale rencontre, un avenir brillant l'attendait...

Coignard parvient à s'échapper, puis est repris et jugé en 1819. Il retourne au bagne de Brest, où il s'éteint longtemps plus tard, le 19 décembre 1834. Mythomane jusqu'au bout et sans doute très persuasif durant sa captivité, il laisse un acte de décès qui le donne fils d'une mystérieuse « Élisabeth de Linias »...

LE CHEVALIER DE CHAMBREUIL
(1770- ?)
LE CHEVALIER BAGNARD

Bruno Fuligni

« Dès la Restauration, une foule d'intrigants – chevaliers d'industrie, filous, escrocs, galériens évadés – accoururent à Paris. J'eus le pressentiment qu'il s'en était glissé quelques-uns dans l'entourage du roi, des princes. Pendant un temps, j'établis mon quartier général auprès du palais des Tuileries », raconte Vidocq dans ses Mémoires.

En cette fin d'année 1814, dans le désordre provoqué par la chute de Napoléon et le retour des Bourbons, tous les espoirs semblent permis aux audacieux, mais l'ancien bagnard, passé du côté de la police, veille au grain : « Je m'étais déterminé à renvoyer dans les bagnes ces prétendus royalistes qui, parés des plus brillants uniformes et des décorations de tous les ordres de l'Europe, faisaient journellement des milliers de dupes. Ils se présentaient comme les anciens compagnons d'armes des Charette, des La Rochejaquelein, des Stofflet, des Cadoudal, etc. Les jours de revue et de grande réception, on voyait accourir tous ces prétendus héros de la fidélité. »

De cette pègre galonnée et empanachée, émerge bientôt un visage connu : Chambreuil ! Les courtisans l'appellent « chevalier », lui-même signe « marquis de Chambreuil », mais Vidocq, redoutablement physionomiste, sait qu'il s'agit du faussaire Chambreuil qu'il a croisé jadis au bagne de Toulon.

L'individu, charmant, est un fin lettré qui non seulement aime à écrire, mais calligraphie aussi bien que les fonctionnaires les mieux appointés du royaume. Dès sa jeunesse, il abuse de ce don pour commettre toutes sortes de faux en écriture et s'enrichir à bon compte. Pendant la Révolution, il suit l'armée d'Italie et multiple les indélicatesses, en imitant à la perfection les papiers et signatures des fournisseurs. Découvert, il est condamné à trois ans de travaux forcés, mais s'évade et reprend son existence de faussaire professionnel. Repris, il tâte du sévère bagne de Brest, dont il parvient encore à s'échapper. Mais à peine arrive-t-il à Paris qu'il est reconnu et expédié, cette fois, au bagne de Toulon, où il passera onze ans : c'est là que le jeune Vidocq le croise pour la première fois.

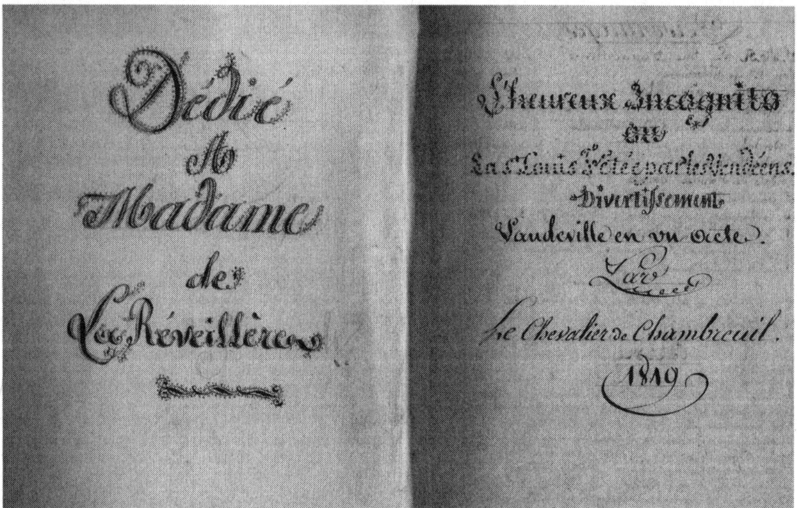

Les œuvres calligraphiées du chevalier de Chambreuil, adressées du bagne à une de ses protectrices.

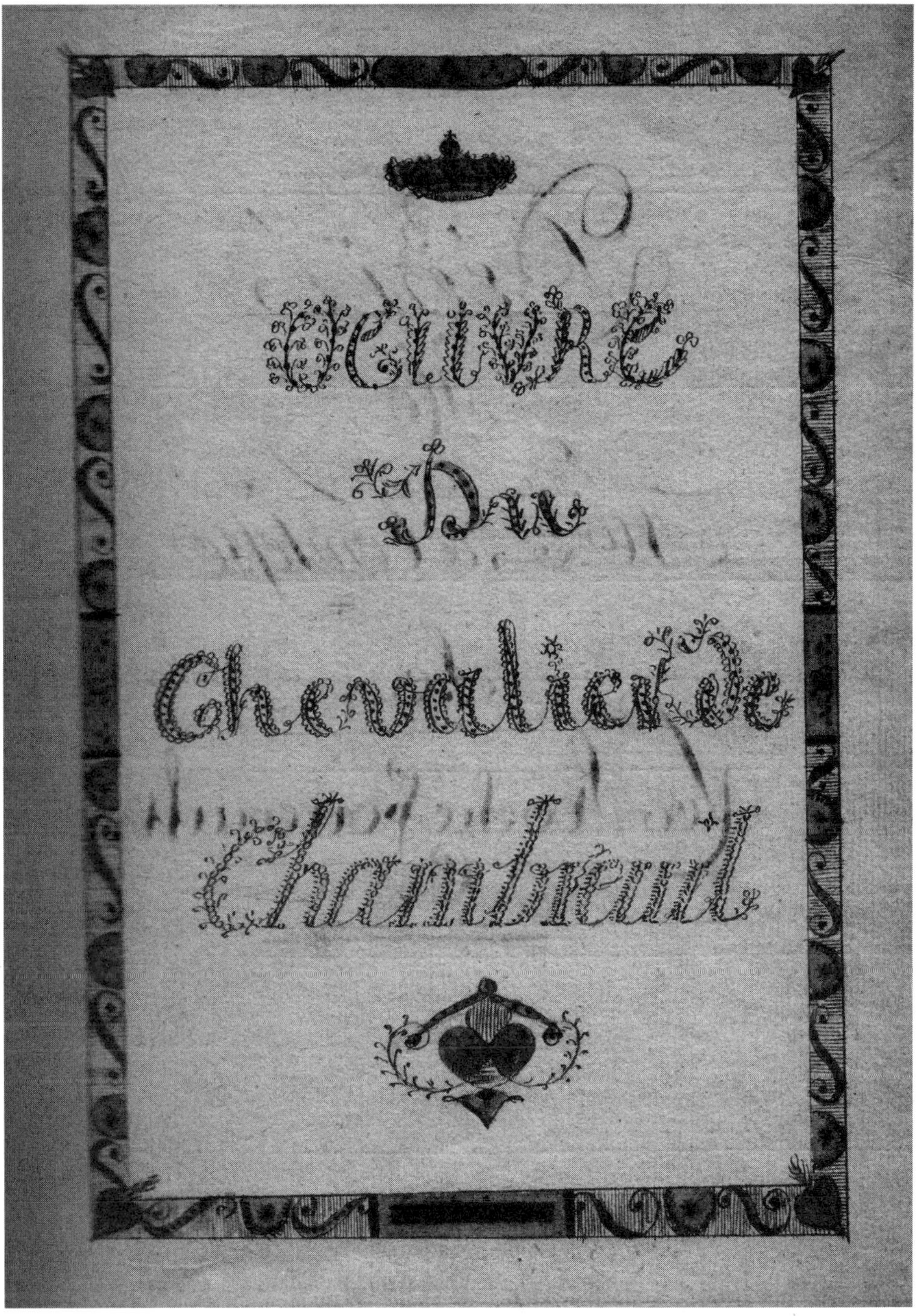

Frontispice d'un recueil manuscrit du chevalier de Chambreuil :
le faussaire s'est fait écrivain.

« À l'expiration de sa peine, il n'était point corrigé. De nouvelles escroqueries et des lettres imaginaires le firent envoyer pour deux ans dans les prisons d'Embrun. Mais le duc d'Angoulême, lors de son passage dans cette ville, le fit mettre en liberté peu de jours après son arrivée. Il paraît que Chambreuil avait adressé à ce prince un placet, dans lequel il se représentait comme un ancien Vendéen à qui son dévouement à la cause royale avait attiré des persécutions. » L'idée géniale de Chambreuil, en ce renversement de régime, consiste à ne pas nier ses années de détention, mais à leur inventer des motifs politiques. Son entregent fait le reste. Le voici à la cour du roi Louis XVIII, où il obtient simultanément deux postes de confiance : gouverneur des Haras royaux, mais aussi « directeur de la Police du château », c'est-à-dire la police particulière du roi !

Pour Vidocq, l'imposture se double ici d'une concurrence aussi déloyale que dangereuse. L'homme est bientôt arrêté, tandis qu'une perquisition dans ses appartements fait découvrir un véritable atelier de contrefaçon… « Le nommé Pierre-Joseph-Anatole Massin de Lamuis de Chambreuil, se disant le chevalier de Chambreuil, a paru hier devant la Cour prévôtale ; il était accusé d'avoir fabriqué un grand nombre de faux certificats. La Cour l'a condamné aux travaux forcés à perpétuité, et aux frais de la procédure », résume le *Journal des débats* du 16 juin 1816.

Retour au bagne, celui de Lorient cette fois, d'où Chambreuil ne sortira plus. Mais ses écrits, eux, vont se répandre à travers la France catholique et royale – car, durant cette nouvelle captivité, c'est un artiste qui naît : de sa belle écriture, le chevalier bagnard trousse comédies, tragédies, élégies, ballades, dont il envoie les manuscrits aux grands du royaume, aux gentes dames sensibles et charitables du faubourg Saint-Germain, qui lui font parvenir des secours. Un autre faussaire, Gérard, lui sert de secrétaire, quoique bonapartiste. Courtisan par correspondance, et ne négligeant pas, entre deux poèmes à la gloire du trône, de rédiger pour ses geôliers analphabètes quelques suppliques en faveur de leur avancement, Chambreuil va réussir cet exploit littéraire de vivre de sa plume sans être jamais publié.

WINTER
(1788- ?)
L'ANACRÉON DES BAGNES

Bruno Fuligni

Parmi les « faux royalistes » poursuivis par Vidocq à la Restauration, une mention spéciale revient à Winter, « le forçat grand seigneur ». Né à Sarre-Louis, ce jeune homme avantageux ne commet pas l'imprudence d'usurper un nom ou un titre, mais en change régulièrement, se faisant passer au fil des semaines pour le fils, le neveu ou le cousin de tel ou tel haut dignitaire de la monarchie.

« Une éducation brillante et une tenue militaire souvent variée et toujours élégante, jointe à une grande facilité de s'exprimer et à une heureuse tournure, lui ouvrirent la porte des maisons les plus distinguées de la capitale. Il fréquentait des fils de sénateurs, des ducs, des princes même, qu'il dupait successivement, ainsi que toutes les dames de leur société. »

Car le fringant Winter, vingt-six ans, joliment paré dans l'un ou l'autre de ses chatoyants uniformes, est un séducteur, qui conquiert le cœur pour parvenir à l'or et aux bijoux.

Vidocq, qui aime lui aussi à se costumer, trouve en ce don Juan du XIXe siècle un adversaire à sa mesure. Le limier enfile donc quant à lui la soutane, pour rendre visite aux récentes victimes de Winter : il se prétend l'aumônier du régiment dont Winter se dit l'officier… Une douairière séduite et abandonnée l'oriente vers une de ses amies, qui accepte d'organiser un rendez-vous, pourvu qu'on lui rembourse les dettes du godelureau… Déguisé alors en commissionnaire, Vidocq se tient tout près du restaurant et voit arriver Winter « en costume de colonel de hussards, ayant sur sa poitrine une brochette de décorations, et deux domestiques derrière lui ». Mais au dernier moment, devinant le piège, le gentilhomme de fortune saute à cheval et déguerpit au galop dans les rues de la capitale.

Un nouveau traquenard aura raison de lui. Emprisonné pour huit ans à Bicêtre, Winter aggrave son cas par un faux, qui l'envoie au bagne. Au contraire d'un Chambreuil, il n'écrira pas aux belles dames pour les apitoyer : il a déjà tout obtenu d'elles. C'est pour lui et pour ses compagnons de chaîne qu'il rédige d'étonnantes chansons en argot, qui le feront surnommer « l'Anacréon des bagnes ». Vidocq, bon prince, en publiera un aperçu, avec la traduction :

Adieu ma cambriotte,	*Adieu ma chambre,*
Mon beau pieu, mes dardants,	*Mon beau lit, mes amours,*
Je monte à la cigogne,	*Je vais au tribunal,*
On me gerbe à la grotte,	*On me condamne aux galères,*
Au tap et pour douze ans.	*Au carcan et pour douze ans.*

ANTONI BEREZOWSKI
(1847-1916)
LE POLONAIS DU PACIFIQUE

Bruno Fuligni

Antoni Berezowski est né le 9 mai 1847 à Avartin, dans l'Empire russe, mais sa famille est polonaise et il rêve d'œuvrer à l'indépendance de son peuple. À vingt ans, exilé en France, il décide de passer à l'action.

Son ennemi juré, le tsar oppresseur des minorités nationales, n'est-il pas en visite officielle à Paris, pour l'Exposition universelle ? Le 6 juin 1867 à Longchamp, alors qu'Alexandre II s'en revient d'une revue militaire, le souverain essuie plusieurs coups de feu, sans être touché. L'auteur de l'attentat, arrêté sur-le-champ, encourt la peine de mort, mais les Français, depuis 1830, éprouvent une sympathie sentimentale pour la Pologne asservie. Défendu par l'avocat et homme politique Emmanuel Arago, Berezowski devient un héros de la liberté qui échappe à la guillotine : au grand mécontentement des autorités russes, il part au bagne de l'île Nou, au large de Nouméa.

L'y rejoindront cinq ans plus tard les communards condamnés à la « transportation ». Parmi eux, Alexis Trinquet, un cordonnier de Belleville qui brûle de le rencontrer, mais reviendra très déçu de son entrevue : « Un jour, on me dit que si j'étais curieux de voir le Polonais Berezowski, on me le ferait connaître. Je me tins le soir même sur son passage. Car il ne couchait pas au pénitencier.

« Je me suis présenté à lui comme insurgé de Paris. Je croyais trouver chez lui l'énergie d'un révolutionnaire. Quel ne fut pas mon étonnement de voir un homme étranger à la politique et d'une indifférence complète. Il me parla de Paris comme l'aurait fait le clérical le plus absolu, appelant la vaillante cité : “la Babylone moderne” ! »

Républicain et socialiste, Trinquet déteste lui aussi l'autocratie russe, mais ce farouche anticlérical ne peut comprendre le catholicisme fervent des patriotes polonais, qui chez son interlocuteur, après plusieurs années d'épreuves, confine au mysticisme. « Je remarquai en outre que le raisonnement n'était pas suivi chez Berezowski, qu'il faisait de grands efforts pour formuler ses phrases. Voyant que ma qualité d'insurgé le trouvait indifférent, j'abrégeai notre entretien et me retirai. »

La République adoucira le sort de Berezowski, dont la peine de travaux forcés à perpétuité est commuée en 1886 en un simple exil à vie. Président du Conseil en 1906, Clemenceau le fait enfin amnistier, décision courageuse en pleine alliance franco-russe. Mais Berezowski préfère rester en Nouvelle-Calédonie, où il sera enterré en 1916. Un an trop tôt pour voir s'effondrer le régime tsariste honni, dont les partisans seront bientôt poursuivis par un autre noble polonais, rallié aux bolcheviks : Félix Dzerjinski, le fondateur de la Tchéka.

ROBERT MÉNARD DE COUVRIGNY (1893-1930) ASSASSIN PAR PROCURATION

Franck Sénateur

Fresné-la-Mère est un petit village de cinq cents âmes, situé près de Falaise, dans le Calvados. Une église du XIIe siècle, un château appartenant à une famille d'aristocrates, le bocage : rien ne prédisposait cette calme bourgade à entrer dans l'histoire. Encore moins celle du crime !

Pourtant, en cet été 1911, un drame se joue à l'abri des hauts murs de la noble demeure. La baronne de Couvrigny, née Amélie de Trépel, a la faiblesse de trop aimer la vie et ses plaisirs. Tous ses plaisirs et trop... Qualifiée d'ivrogne, elle est connue pour dilapider l'argent du ménage en alcools et excès de toutes sortes. Cela ne convient pas vraiment au baron, on s'en doute... Elle décide un jour de se séparer de cet obstacle à la vie de débauche qu'elle affectionne. Pas en divorçant bien entendu, cela ne se fait pas dans ce monde-là, mais plutôt en l'envoyant rejoindre ce Dieu qu'il fréquente assidûment, à la messe et dans sa morale quotidienne...

Elle projette de l'empoisonner et va même tenter de le faire par trois fois, sans y réussir. Elle envisage alors de s'offrir les services d'un « apache », mais cela ferait un témoin gênant, un risque de chantage… Alors l'horrible idée va germer et faire peu à peu son chemin : Robert ! Son propre fils, avec qui elle est tellement fusionnelle.

Robert Ménard de Couvrigny est l'aîné des quatre enfants du couple. Ce n'est pas un modèle de moralité, puisqu'il a déjà dû répondre de plusieurs attentats à la pudeur, y compris sur sa petite sœur âgée d'une dizaine d'années à peine. Il ne semble guère doué pour le travail, mais rien ne le prédispose à devenir un assassin. C'est pourtant ce qui va arriver. Très proche de sa mère, il est en parfaite opposition avec son père et sans doute un peu trop influençable ; c'est ainsi qu'il finit par adhérer au sinistre projet.

L'idée, pourtant farfelue, est de maquiller le crime en accident de chasse. Équipé d'un fusil Lefaucheux et de cartouches fournies par sa mère, Robert va s'entraîner sur des cibles dans le parc du château, lorsque le baron est de sortie. Quelle image peut bien lui traverser l'esprit alors qu'il appuie sur la détente de l'arme, en visant le centre des cartons ?…

Le 23 septembre au soir, il est prêt. Sa mère lui a fait boire une bonne dose d'absinthe afin d'éteindre ses derniers scrupules, avant de lui donner ses dernières recommandations. « Et ne le rate pas ! » a-t-elle répété à plusieurs reprises, la voix embuée par l'alcool. Fusil chargé, le jeune homme se poste à l'affût sur le chemin que va prendre son père pour rentrer à la propriété familiale. Lorsque celui-ci paraît, il le laisse passer puis rapidement se poste derrière lui et lui tire dans la nuque. Atteint en pleine tête, le baron s'écroule, foudroyé.

Que pouvaient bien espérer les deux acolytes avec un plan si grossier ? Immédiatement arrêtés, ils passent aux aveux et sont emprisonnés. Le dossier à charge est très vite constitué, les faits sont accablants.

Après un procès de deux jours à peine, le 13 janvier 1912, la cour d'assises du Calvados, lui accordant malgré tout quelques circonstances atténuantes, condamne Robert de Couvrigny à vingt ans de travaux forcés pour « attentat ». C'est presque son âge…

Sa mère quant à elle, considérée comme la commanditaire et l'instigatrice du crime, est condamnée à la peine de mort, malgré les débats contradictoires des experts aliénistes et la formidable plaidoirie de Me Henri Robert, son avocat.

Eux qui espéraient par ce geste fou se libérer d'un poids, d'une contrainte de vie, sont maintenant enfermés et condamnés à ne plus se revoir.

Graciée *in extremis*, après le rejet de son pourvoi en cassation, la baronne est dirigée sur la centrale de Rennes, alors affectée aux femmes. Pour le jeune Robert, l'attente commence, son avocat ayant déposé un recours afin de lui éviter le bagne.

Finalement, le 23 mai 1912, la décision de la commission tombe : ce sera bien la Guyane…

Il y arrive le 23 août 1912 sur le *Loire*. Comme « client à surveiller spécialement », il est interné aux îles du Salut, d'où on ne s'évade pas. Le jeune aristocrate est gratifié toutefois d'un classement très favorable, lui permettant l'accès aux tâches les moins ingrates. La « Tentiaire » – l'administration pénitentiaire coloniale – a vu passer tant de crapules qu'elle a le respect des titres et des blasons, surtout chez les criminels d'occasion.

Couvrigny sait d'ailleurs se faire apprécier, puisqu'il va bénéficier d'une réduction de peine de cinq ans en 1920, puis d'une seconde, qui le libère définitivement en 1924. Il aura effectué douze ans de travaux forcés. La durée de vie des bagnards était de l'ordre de quatre ans ; le parricide aura eu le temps de réfléchir à son geste et d'expier…

Au-delà de cinq ans de « TF », les condamnés ne pouvaient plus quitter la Guyane, mais le 5 avril 1928, l'aristocrate déchu obtient la levée de son obligation de séjour et son retour en métropole se dessine. Il n'a que trente-cinq ans alors, mais c'est un vieillard, usé par le soleil, rongé par le remords. Sa mère est morte en prison et ni ses frères, ni sa sœur ne lui ayant pardonné son geste, il n'a plus d'attaches au pays.

Robert Ménard de Couvrigny ne reverra pas sa Normandie. Le 2 mai 1930, une laconique inscription faite au crayon à papier bleu barre son dossier individuel, clôturant sa vie de forçat : « DCD à la colonie ce jour. »

CARMINO DE SIMONE
(1903- ?)
NOBLESSE ITALIENNE

Franck Sénateur

Trani est une fort jolie ville portuaire des Pouilles, située à quelques kilomètres de Bari. Les Templiers, qui en avaient fait un point de départ de leur route maritime vers l'Orient, y édifièrent une solide église d'inspiration romane.

Mais le tourisme n'existe pas encore pas dans cette région agricole très pauvre… La famille De Simone possède une exploitation agricole d'une belle taille, mais faute d'infrastructures, rien ne s'exporte et les bénéfices sont loin de compenser le travail fourni. À la fin du XIXe siècle, la hausse brutale des taxes sur le vin achève d'appauvrir bon nombre de ces *masseria*.

Chez les De Simone, notables de la région, la situation n'est guère brillante. Le jeune Carmino, âgé d'à peine dix-huit ans, décide d'aller tenter sa chance au nord, synonyme d'eldorado. Mais le Nord n'est guère tendre pour ces « bouffeurs de savon », ainsi qu'on appelle les pauvres du Sud, alors sa route va le conduire jusqu'en France, à Marseille.

Dans les années 1920, Marseille est sous l'emprise du milieu corse et italien. Les deux seigneurs de la pègre sont Carbone et Spirito et si le premier est pur Corse, le second vient d'Itri dans le sud de l'Italie. De là à aider un compatriote…

Le 21 septembre 1921, le jeune aristocrate italien connaît ses premiers démêlés avec la justice française : six mois de prison pour vol, assortis d'un arrêté d'expulsion. Assuré d'un bon réseau, il revient. Deux autres condamnations suivent en 1926, à Aix cette fois, pour le même motif. Durant ce temps passé derrière les barreaux, il s'endurcit.

Le 7 juin 1928, il pénètre dans une villa de Marseille pour la cambrioler, mais tombe nez à nez avec la propriétaire, une riche veuve censée être ailleurs. Sans se démonter, il lui brise une carafe sur la tête et, pour étouffer ses cris, lui enfonce un mouchoir dans la gorge. La malheureuse suffoque pendant qu'il fouille méthodiquement les pièces, à la recherche de valeurs, sans lui porter la moindre attention. Privée d'oxygène, elle meurt.

Le meurtrier n'est pas discret, il va jusqu'à se plaindre du faible butin trouvé dans la villa de la traverse Anaïs, signant ainsi sa perte ! Un mandat est établi pour celui que la justice connaît sous le pseudo de « Charlot l'Algérien ». Il est arrêté dans les semaines qui suivent et confondu sans doute possible, par une empreinte digitale laissée sur un débris de la carafe. Le 23 juillet 1929, la cour d'assises le condamne aux travaux forcés à perpétuité.

Arrivé à la colonie pénitentiaire en mars 1931, le matricule 50659 passe un an à Saint-Laurent-du-Maroni, où une apparente bonne conduite lui vaut d'être envoyé à Cayenne – affectation en principe réservée aux condamnés les mieux notés ou bénéficiant de mesures de clémence.

Sans trop de difficulté, il s'en évade quelques mois plus tard avec deux complices, non sans avoir pris en otage un surveillant.

Repris au terme d'une cavale de quelques mois, il écope de cinq ans de réclusion aux îles du Salut, sur la « mangeuse d'hommes » comme disent les bagnards.

C'est au terme de cette peine qu'il va entretenir une correspondance avec une « marraine », mais surtout un mystérieux citoyen des États-Unis, susceptible de lui faire rentrer des fonds, avec la complicité d'un surveillant véreux.

L'administration pénitentiaire est d'autant plus dubitative sur le cas de l'Italien, qu'en ce début 1940, la guerre fait rage en Europe. On ne comprend pas comment un sujet du Duce peut bien espérer recevoir des fonds de l'Amérique, notre allié de toujours… C'est méconnaître la mondialisation du Milieu, bien avant celle du système bancaire ! L'argent a sans doute fini par arriver de New York, car en septembre de la même année, Carmino De Simone disparaît à jamais de la Guyane française…

PIERRE DE CROUZET-RAYSSAC
(1895-1982)
UN « PARIS-PREMIÈRE » TOULOUSAIN

Franck Sénateur

Traditionnellement, il y a toujours un ou deux « Paris-première » par convoi pour la Guyane. Dans le jargon du bagne, ce terme désigne un accusé vedette, une star des assises, un ténor du crime, dont les exploits ont déchaîné la presse dans les mois précédents.

En ce 8 novembre 1929, la vedette, c'est Pierre de Crouzet-Rayssac, un aristocrate de la région toulousaine.

Triste vedette en vérité… Mais dans la faune des forçats, un noble, ça impressionne, même si le crime est abominable. Ici on ne juge plus, d'autres l'ont fait avant. Solidarité de caste, qu'il soit prince du sang, héritier des plus grandes familles importe peu, il fait partie désormais de la cohorte des gueux, des rebuts de la société qui rejoignent la Guyane parce qu'on ne veut plus d'eux en métropole, au contact des bonnes gens.

Ce matin-là, au sortir de la citadelle de Saint-Martin-de-Ré, sous un glacial crachin d'hiver, il a remonté son col comme tous les forçats et il marche crânement vers son destin, vers la colonie pénitentiaire qui l'attend, pour l'engloutir et le faire disparaître comme tant d'autres.

Tout remonte à l'été 1924. La famille de Crouzet-Rayssac a embauché une nouvelle petite bonne au château familial d'Avignonet-Lauragais, entre Villefranche et Castelnaudary. Recommandée par des voisins, c'est une brave fille répondant au nom de Joséphine Machicot. Elle s'efforce de bien faire son travail, sans état d'âme, mais le fils cadet de la famille, Pierre, la harcèle sans cesse. Elle finit par céder à ses avances et tombe enceinte.

Ayant accouché d'un petit garçon, la jeune maman s'en vient trouver les châtelains et leur explique tout, demandant leur aide financière. Une banale histoire d'enfant naturel en somme… La châtelaine la renvoie aussitôt, avec deux mille francs pour solde de tout compte et quelques bons conseils moraux pour la route.

Quelques mois plus tard, la malheureuse fille-mère n'arrivant plus à subvenir aux frais de nourrice, elle reprend contact avec le père de l'enfant. Chez les Crouzet-Rayssac, on s'émeut de cette démarche. Ainsi, c'est un odieux chantage qui se profile ! Le père conseille à Pierre d'aller rencontrer la jeune fille et de la raisonner, de l'intimider s'il le faut. Le rendez-vous est fixé à Toulouse, sur un quai discret de la gare Matabiau.

La discussion va être rapide et sans appel : plus un sou ! Et comme il faut bien régler le problème, Pierre propose à la jeune mère désespérée de déposer l'enfant à l'Assistance publique.

Il l'accompagne jusqu'à l'établissement, mais là, cruelle désillusion, on leur oppose une fin de non-recevoir, l'enfant ayant plus de sept mois…

Qui peut dire ce qui se passe dans le cerveau de Pierre de Crouzet-Rayssac à cet instant ? On ne le saura jamais, pas même les experts qui l'interrogeront. Avec autorité, il convainc Joséphine de lui confier l'enfant, en argumentant qu'il sait à qui le confier. Devant les pleurs de la jeune mère, il s'impatiente : « Ne pleure pas, est-ce que je pleure moi ? » Brutalement, il lui arrache l'enfant des bras et disparaît dans la nuit.

Il va ainsi parcourir vingt-deux kilomètres en automobile sur la nationale 13, avant de s'arrêter, un peu avant Baziège. Est-ce la vue du canal du Midi qui l'a insidieusement inspiré ? Il prend le bébé qui dormait sur le siège arrière, le déshabille délicatement, puis le roule dans une couverture et s'approche du canal. Arrivé là, il secoue la couverture au-dessus de l'eau froide et sombre, y faisant tomber le bambin nu et donc anonyme, avant de filer sans se retourner. L'irréparable vient d'être commis.

Le petit corps sans vie, retrouvé le lendemain, va être reconnu par un des employés de l'Assistance amené à témoigner et le meurtrier, rapidement identifié puis arrêté, va d'ailleurs tout avouer.

Le procès qui s'ouvre à la cour d'assises de Toulouse le 25 octobre 1928 est d'une effrayante simplicité, la seule inconnue demeurant s'il y a eu, ou non, préméditation… L'avocat choisi par la famille de l'assassin est Me de Moro-Giafferi, le ténor du barreau qui a défendu Landru. Il va contredire les experts médicaux, mettre en avant l'extraordinaire sévérité de la famille du meurtrier et la sincérité de ses aveux, la responsabilité de la mère du bébé, et finalement faire douter les jurés. Il ne faudra que trente-cinq minutes de délibération pour sauver la tête de Pierre de Crouzet-Rayssac qui écope de seulement dix ans de travaux forcés.

L'administration pénitentiaire coloniale ne lui accordera aucune grâce et il sortira du bagne le 19 janvier 1937. Il ne sera autorisé à quitter le territoire de la Guyane qu'en avril 1945 et reviendra en métropole avec les premiers rapatriés de 1946, vingt-deux ans après son horrible meurtre. Nul n'entendra plus parler de lui et il mourra de sa belle mort au château familial, à quatre-vingt-sept ans.

Par Bruno Léandri

LE BARON SAMEDI

Le diabolique personnage du baron Samedi tient une place privilégiée dans les cérémonies du culte vaudou. Les divinités du panthéon vaudou, appelées « *loas* », sont à ce point innombrables et variables d'une région à l'autre, du Bénin à Haïti en passant par le Brésil, d'une époque à l'autre, d'une ville à l'autre, qu'aucun ethnologue n'a pu à ce jour en faire la liste exhaustive. Mais le baron Samedi, dieu de la mort, maître des cimetières, appartient au petit groupe des six ou sept « grands *loas* » si populaires qu'on les retrouve identiques dans toutes les variantes.

Le baron Samedi est un sinistre hurluberlu, qui se promène la nuit entre les tombes, secoué de ricanements sardoniques, costumé en entrepreneur de pompes funèbres, redingote et haut-de-forme, auxquels des sophistications fréquentes ajoutent des lunettes noires et un cigare, voire une pipe. Si vous croisez ce nobliau frénétique au détour d'un caveau, vous avez peu de chances de rencontrer le vrai, mais plutôt un adepte possédé par son esprit, et qui incarne le personnage avec un brio stimulé par la musique, la danse, le rhum et autres substances diverses, lors des cérémonies rituelles.

Pourquoi Samedi ? Pourquoi Baron ? Pour ce patronyme calendriesque, c'est simple : chacun des grands dieux vaudous a son jour de la semaine, durant lequel se placent les fêtes, cérémonies et offrandes qui lui sont dédiées, l'agenda est bien rempli. Par exemple, pour Damballah Wedo, le Zeus vaudou, c'est le mercredi ; Erzulie Freda, déesse de l'amour, préfère le mardi ; Ogoun Ferraille, le dieu de la guerre, a son jeudi ; pour le dieu de la mort, c'est le samedi, d'où son nom.

Plus difficile est d'expliquer l'origine de son titre de noblesse. D'autant qu'il n'est pas seul, il est chef du groupe dit « des barons » qui hante les lieux de mort, avec le baron Croix et le baron Cimetière, sans qu'on puisse vraiment savoir s'il s'agit de trois dieux distincts ou du même sous trois noms différents. D'où sort cette appellation nobiliaire ? Aucun historien n'a jamais proposé d'hypothèse solide. Il semble que dans le contexte esclavagiste antillais où s'est développé le vaudou, sous l'Ancien Régime, le monde des Blancs apparaissait comme une caste inaccessible à tout jamais supérieure, au sein de laquelle la noblesse incarnait la quintessence de cette supériorité, seigneurs des seigneurs : si princes et ducs fréquentaient peu les Antilles, on y trouvait par contre quelques barons propriétaires qui ont dû symboliser tout ce que les Noirs pouvaient imaginer de puissance menaçante et de prestige infaillible dans leur environnement immédiat.

Mais le baron Samedi est-il pour autant un criminel ? À voir comme ça, on ne le dirait pas : entouré de sa femme, Maman Brigitte, et de ses enfants, le général Tracé (qui trace le tour des tombes) et le général Fouillé (qui les fouille), il évoque un respectable bourgeois de la mythologie mortuaire, fonctionnaire routinier de l'épouvante funéraire, non dénué d'une certaine bonhomie car les génies-fossoyeurs qui l'accompagnent, les Guédé, ne rechignent pas à mélanger à la peur qu'ils provoquent une dose d'humour, mâtinée de fête, d'alcool et même de sexe, à en croire les adeptes qui, possédés par ceux-là, en traduisent les excès dans leurs transes. Et pourtant, le baron est bien un criminel, par complicité, au moins à deux titres.

D'abord, lorsqu'un fidèle nourrit de funestes intentions homicides envers son prochain, il s'adresse au sorcier, le *houngan* ou *boko*, qui, moyennant finances et magie noire, procède au terrible « envoi de morts » destiné à terrasser l'infortunée victime. Pour choisir les morts qui vont être envoyés, le criminel prélève un morceau de pierre sur chaque tombe sélectionnée qu'il va jeter sur la porte de la victime, laquelle, désormais habitée par lesdits morts, va dépérir et agoniser sous peu. Or, cette manœuvre se fait sous la responsabilité directe et avec l'accord du baron Samedi, officiellement obtenu par le *houngan*.

Le deuxième forfait où son sang bleu se mêle de verdâtre, c'est la formation professionnelle des zombis. Si, conformément à l'image médiatique qui a fait sa célébrité, le zombi est bien un mort-vivant arraché à son tombeau, la vérité s'arrête là, car le zombi authentique n'est ni méchant ni anthropophage. Il est juste un peu débile et sert d'esclave à tout faire à son propriétaire : obéissant et peu coûteux car il mange peu, le zombi travaille d'arrache-pied (!) sans protester, jardin, ménage, travaux de terrassement, et peut même commettre certains délits sur l'ordre de son maître. Ainsi, le zombi dressé à voler les semences du voisin s'appelle le « zombi-graine ». Or, ces zombis sont extraits des cimetières avec l'autorisation et sous le patronage formel du baron Samedi, alors que leur utilisation est interdite par la loi. Ou du moins, l'était : l'article 246 de l'ancien code pénal d'Haïti assimilait à l'assassinat la transformation de quelqu'un en zombi.

CHAPITRE IV

LES GRANDS SAIGNEURS

Gens de guerre et de pouvoir, les aristos n'ont cessé de tuer à travers l'Histoire, sans que l'exercice de la raison d'État puisse absolument se confondre avec le crime crapuleux.

Il y faut toutefois du doigté et de la mesure, comme le conseille Machiavel à son Prince quand il évoque l'usage de la cruauté : « On peut la dire bien employée (si l'on peut appeler bien ce qui est mal), lorsqu'elle ne s'exerce qu'une seule fois, qu'elle est dictée par la nécessité de s'assurer la puissance, et qu'on n'y a recours ensuite que pour l'utilité du peuple. Les cruautés mal exercées sont celles qui, quoique peu considérables en commençant, croissent au lieu de s'éteindre. Ceux qui n'emploieront que les premières peuvent espérer de se les faire pardonner et devant Dieu et par les hommes », conclut le Florentin, tandis que « ceux qui en usent autrement ne peuvent se maintenir ».

La violence comme système, le meurtre comme méthode de gouvernement, tels sont les procédés sommaires du mauvais prince et de ses vassaux, que la jurisprudence moderne permet de considérer comme criminels de guerre ou criminels politiques.

FOULQUES III NERRA
(V. 972 OU 987-1040)
NOIR DÉMON ET PÈLERIN DE JÉRUSALEM

Frédéric Chef

Au temps des premiers Capétiens, la Loire est navigable de Roanne à l'océan. La forêt, héritage des Celtes, est le refuge des rêves, des fées, des bêtes fantastiques. Elle couvre le comté d'Anjou d'une peau sombre comme l'est le visage du « Faucon noir », le comte Foulques III, chef de guerre et stratège inventif, pilleur de villes et fondateur d'abbayes. Vassal du roi de France Robert-le-Pieux, Foulques rêve d'étendre sa puissance et d'agrandir le nombre de ses fiefs. Il possède Amboise, enclave dans le comté de Blois appartenant à son rival Eudes ; ce dernier possède Saumur, point stratégique en plein comté d'Anjou.

Eudes songe à s'emparer d'Amboise, puis de Loches, puissante forteresse aux mains de Foulques. Le comte, matois, met au point une stratégie d'encerclement. Ses troupes font mine de s'éparpiller au pied de Châteaudun et attaquent par surprise les Blésois, qui sont massacrés en pleine campagne avec une rare cruauté. Debout parmi les morts, Foulques ne se donne pas la peine d'épargner les prisonniers. Quelques chevaliers, seulement, lui serviront d'otages. Dans la foulée, le chef de guerre attaque le château de Landry et le détruit patiemment, de fond en comble, et jusqu'aux fondations. Foulques fonce alors vers Saumur, point de passage sur la Loire, où s'agite Conan-le-Tort, son beau-frère, qui veut lui ravir les terres allant jusqu'à la Mayenne et au pied du château d'Angers. Les beaux-frères ennemis se rencontrent dans la lande de Conquereux, au nord de Nantes. Conan a miné le théâtre des opérations de chausse-trapes couvertes de branchages, piège dans lequel Foulques Nerra tombe avec son cheval avant de se relever. Ravivant la fougue de ses soudards, il provoque une effroyable boucherie. On achève les blessés, on pend les chefs. Conan est tué au cours de la bataille. Le vainqueur étrille, découpe, transperce ses contradicteurs. Foulques le barbare est né.

Ce pieux bâtisseur de prieurés et de monastères est pris de violents remords et adresse ses libéralités au diocèse d'Angers « pour le salut de son âme pécheresse et pour se faire pardonner le massacre épouvantable des chrétiens qu'il a fait tuer sur la lande ». Un clou chasse l'autre. Foulques a désormais des visées sur la forteresse de Montrichard, point de passage sur le Cher. Foulques Nerra est sur le point d'être battu à Pontlevoy par le comte de Blois, avant de retrouver toute la vigueur nécessaire à la mise à mort de cinq mille hommes et prisonniers, qu'il fait égorger sur place.

Sur ce chromo datant de la IIIe République, les cruautés de Foulques III d'Anjou servent à éduquer les petits Français dans l'horreur de la féodalité.

La guerre est finie. Foulques est tourmenté par le jeu de massacre auquel il s'est adonné. Il se confesse, communie, s'inflige de longues macérations et pénitences, arrose les abbayes qu'il a fondées de subventions diverses. Tourmenté, il épouse Élisabeth de Vendôme, fille d'un favori d'Hugues Capet. Leur vient une fille. Qu'en faire ? Sûrement pas un soldat. Il a longtemps guerroyé loin de sa femme. Cette fille indésirable ne peut être que le fruit d'un adultère. Foulques entre dans une colère noire et passe ses nerfs sur la princesse rudoyée, condamnée, brûlée vive sur la place d'Angers, devant les yeux médusés du peuple. Quelques jours après, la ville est détruite par les flammes. « C'est la vengeance du Ciel », s'écrient les Angevins.

Pour terrasser le Démon, qui le tient en son pouvoir, il se met en route, vers 1002, pour la Terre sainte. À peine arrivé à Jérusalem, il s'effondre devant le tombeau du Christ, où il verse des torrents de larmes. Le séjour de pénitence achevé, il oublie un moment les plaisirs de la guerre et fonde l'abbaye de Beaulieu, près de Loches. Intérieurement, il bouillonne, tandis que ses voisins font des incursions sur ses terres. Foulques vise toujours la prise de Saumur. Ses troupes s'y portent aux alentours de 1020. Le Diable reprend du service : l'abbaye Saint-Florent de Saumur est incendiée, les moines affolés se sauvent en courant à travers les flammes. Foulques gifle un prisonnier avec force : il lui arrache un œil. Les autres sont, comme à l'accoutumée, réduits à néant ou torturés.

La guerre ne suffit plus à cet ambitieux « oscillant », comme l'écrit La Varende, « entre le crime et le remords, la tuerie et la dévotion, le drame et la comédie ». Il veut en imposer au roi. Robert-le-Pieux s'est marié à une parente de Foulques, qui lui exprime ses griefs et ses regrets. Le Faucon noir prend sa défense et tranche la tête d'Hugues de Beauvais en présence du roi. Le Noir Démon est menacé d'excommunication et doit se mettre à genoux devant son souverain. Il se reconnaît seul coupable et chevauche une seconde, puis une troisième fois vers le Saint-Sépulcre qu'il baigne de ses larmes. Il revient de ces pèlerinages du pardon porteur d'un morceau de la vraie Croix et d'une corde ayant flagellé le Christ.

Épuisé par les pénitences et les cauchemars – ses nombreuses victimes sortent de leurs tombeaux pour troubler ses nuits et lui reprocher sa barbarie –, il passe par la ville de Metz, où il tombe malade et s'éteint. Porté en terre avec tout le cérémonial dû aux grands hommes, Foulques Nerra, bienfaiteur de la Chrétienté, est regretté par le peuple qui le pleure à chaudes larmes.

VLAD III TEPES, DIT VLAD L'EMPALEUR

(V. 1430 OU 1436-1476)

LES LIENS DU SANG

Frédéric Chef

En cette première moitié du xve siècle, l'Empire ottoman a déjà conquis les Balkans, encerclé Constantinople, peu avant la chute de cette dernière en 1453. Le Saint Empire romain germanique est menacé, tout comme les royaumes d'Autriche, de Hongrie et de Pologne. À cette époque, la principauté de Valachie résiste à la pression des sultans qui étendent leurs conquêtes dans l'Europe centrale dévastée. Cette région de l'actuelle Roumanie résiste encore et toujours à l'envahisseur. À sa tête, le Voïvode, élu, voit son trône âprement disputé et sa charge faire des envieux par dizaines.

Vlad III Tepes a forgé son caractère chez le sultan Mourad II, aux alentours de 1442. Captif des Turcs, il assiste à des empalements, pratique musclée dont il retiendra les vertus de persuasion sur l'adversaire. À la chute de Constantinople, Vlad se voit confier une armée qui défend le sud de la Transylvanie et, plus largement, la Chrétienté. Il reprend, à cette occasion, le trône de Valachie des mains de Vladislav II, qu'il terrasse en 1456. S'appuyant sur une foule de boyards assoiffés de sang, il établit un régime de terreur parmi les aristocrates. Le petit peuple adore cette forte tête qui sait se faire respecter. Sûr de son pouvoir, le prince ne laisse rien passer : la plus petite infraction au code des bonnes manières – le mensonge, par exemple – est punie de mort.

Pourfendant la corruption et les intrigues, Vlad met au goût du jour le supplice du pal, incontestable preuve d'autorité. Il exécute ses propres soldats et parmi eux, tirés au hasard, ceux qui rechignent à guerroyer. En 1457, à l'occasion des Pâques, il fait empaler tous les fêtards de la cour princière. Sa réputation d'« empaleur » est née. Il lui est fidèle autant qu'il peut. Des gravures sur bois circulent, qui représentent le « vampire sanguinaire se repaissant de chair humaine et buvant du sang ». Il est vrai que Vlad a pris de mauvaises habitudes : il écorche, décapite, énuclée, étrangle, mutile, brûle, frit, cloue ses proies avant de les transpercer par le fondement, quand il n'enterre pas vivants ses contradicteurs.

En 1462, Vlad lance une campagne contre les Turcs, sur le Danube rougi du sang de ses trente mille victimes. Le sultan Mehmed II est en colère lorsqu'il refuse de payer le tribut. Ses émissaires ne voulant ôter leur turban en sa présence, Vlad les leur fait clouer sur le crâne. Le Voïvode se fâche tout rouge, brûlant ses propres villages, empoisonnant les sources, affamant les Turcs. Lorsque le Sultan parvient à Târgoviste, il est confronté à une scène d'épouvante : une « forêt de pals » embroche une foule d'officiers ottomans, desséchés au soleil. La punition excite les imaginations. Le traître Radu III, frère de Vlad et candidat à sa succession sur le trône, écrase les armées princières. La femme de Vlad, d'après la légende, meurt en tombant de la forteresse de Poenari. Radu « le Beau » accède au trône le 15 août 1462. Vlad passe douze années dans un cachot de Buda avant de conquérir Bucarest et faire prospérer la petite cité.

Son troisième règne sera court. Il meurt au combat en décembre 1476. Le corps de Vlad Tepes est décapité, sa tête au bout d'une pique adressée au Sultan comme solde de tout compte. Le tronc et les membres du Voïvode rejoignent le couvent du monastère de Snagov, proche de la capitale roumaine, où ils seront mâchonnés par les bêtes.

Vlad l'Empaleur.

La postérité de Vlad Tepes sera littéraire. Bram Stoker s'empare de la légende pour écrire son *Dracula*, récit fantastique paru en 1897. Le vampire buveur du sang de ses victimes ravive le passé du comte Dracul – le Dragon –, en réalité père de Vlad, tout aussi assoiffé : bon sang ne saurait mentir. L'aristocrate immortel et raffiné, monstre dont les aventures se passent dans un château des Carpates, a fait couler beaucoup d'encre. La propagande nationaliste, puis celle du communiste Ceauşescu, érigeront Vlad en héros patriotique intouchable. Depuis la chute du régime, les touristes se risquent en Transylvanie, où ruines, châteaux, villes se disputent l'honneur d'avoir abrité Dracula.

LE MARÉCHAL DE SAINT-ARNAUD
(1798-1854)
« LES ÉTATS DE SERVICE D'UN CHACAL »

Marieke Stein

Le 2 décembre 1851, au petit matin, les Parisiens découvrent une proclamation affichée sur les murs de la ville. Il s'agit d'un « Appel au peuple » signé du président de la République, Louis-Napoléon Bonaparte, et annonçant la dissolution de l'Assemblée nationale : c'est un coup d'État.

Dans la nuit, une centaine de parlementaires a été arrêtée et emprisonnée à Mazas ; au même moment, la troupe prenait position dans plusieurs quartiers de Paris. L'opération a été menée de main de maître : Paris est pris de court. Le lendemain seulement, quelques barricades se dressent, sans commune mesure pourtant avec celles de février ou de juin 1848 : le peuple ne se mobilise que mollement pour défendre une République qui s'est peu souciée de lui… Mais dans la soirée, une bousculade se produit entre le boulevard Montmartre et le boulevard Poissonnière ; les militaires voient – ou croient voir – un fusil à une fenêtre : ils tirent sur la foule, au hasard. C'est un massacre : 380 morts selon la police, 1 200 selon d'autres sources… Une bavure, selon les uns ; une démonstration de force préméditée, selon les autres. Car l'armée a été préparée à réagir fermement à toute tentative de résistance.

Qui a été le meneur des troupes, l'homme de main de « Napoléon-le-Petit », l'instigateur du « guet-apens de décembre », selon les expressions de Victor Hugo, grand opposant au Second Empire ? C'est Achille Le Roy de Saint-Arnaud, ministre de la Guerre, dont Hugo livrera un portrait peu flatteur dans *Histoire d'un crime* : « Saint-Arnaud avait les états de service d'un chacal. […] C'était un coupe-jarret, mais mal élevé. […] Son nom de théâtre était Florival. C'était un cabotin passé reître. Il est mort maréchal de France. Figure sinistre. »

Portrait à charge ? Pas vraiment… Né en 1798, le jeune Arnaud Jacques Le Roy est un écolier brillant mais dissipé. Il choisit rapidement le métier des armes, intégrant à seize ans le prestigieux corps des Gardes du roi, où il se fait remarquer par Charles X : « Ce n'est pas Arnaud qu'on devrait t'appeler, lui dit le roi, c'est Achille ! » Surnom qu'il gardera, faisant régulariser son nom d'Achille Le Roy de Saint-Arnaud par ordonnance royale en 1840. Ses qualités guerrières, pourtant, ne font pas de lui un grand soldat : ses riches compagnons de la garde de Grammont lui apprennent plutôt la débauche. Il excelle dans cette vie de plaisirs, car son physique avantageux, sa haute taille, ses yeux bleus, sa petite barbiche, sa culture et son charme font de lui un homme à bonne fortune, qui pratique avec brio toutes sortes d'art d'agrément, – mais aussi un flambeur, harcelé par ses créanciers… Très vite, Saint-Arnaud se fait renvoyer de l'armée pour indiscipline : il a provoqué son capitaine en duel ! Sa vie se partage dès lors entre de brefs passages dans l'armée et des retours à la vie civile, où il exerce les métiers les plus divers : professeur de langues et d'escrime, joueur de guitare, comédien, ténor dans un ensemble lyrique belge, interprète et secrétaire de riches voyageurs, homme entretenu…

À trente-trois ans, il est toutefois temps de songer à une vraie carrière, et de trouver le moyen d'échapper à ses créanciers, voire, pourquoi pas, de payer ses dettes… La colonisation de l'Algérie est l'occasion rêvée, pour des aventuriers dénués de scrupules, de faire valoir leur bravoure et d'engranger rapidement les promotions. Avec l'appui du général Bugeaud, le « pacificateur » de l'Algérie, il obtient d'intégrer la Légion étrangère en 1836.

C'est en Afrique que, pendant presque quinze ans, Saint-Arnaud cumule ce qu'on considère alors comme des titres de gloire : le siège de Constantine, remporté au prix d'un massacre de trois jours, lui vaut la Légion d'honneur ; la soumission de tribus rebelles l'élève en 1842 au grade de lieutenant-colonel ; l'écrasement des troupes d'Abd el-Kader le font colonel en 1844 ; « l'enfumade » de cinq cents Arabes terrés dans des cavernes, en 1845, suscite l'indignation de la presse et même une interpellation à la Chambre des pairs – mais ne lui apporte pas moins le titre de commandeur de la Légion d'honneur. En 1847, il est promu général.

Ces états de service attirent l'attention du président de la République par-delà la Méditerranée. En effet, le neveu de l'Empereur songe de plus en plus à l'Empire. À moins d'obtenir de l'Assemblée une révision de la Constitution – qui lui serait refusée, il le sait déjà –, il ne pourra être réélu. Un coup d'État est tentant, mais où trouver des hommes ardents, dociles, sans états d'âme et profondément hostiles à la République ? En Afrique ! De 1850 à 1851, l'Élysée surveille donc « Saint-Arnaud l'Africain », alors gouverneur de Constantine. Au printemps 1851, une ultime épreuve achève de persuader le Prince-Président que Saint-Arnaud est l'homme de la situation : la « pacification » de la Kabylie, obtenue au terme de deux mois de combats et de six mille morts ou blessés parmi les rebelles. Louis Bonaparte félicite personnellement Saint-Arnaud : « Les hommes de cœur se devinent, s'estiment réciproquement et s'aiment, sans cependant s'être jamais vus. C'est ce qui m'arrive vis-à-vis de vous, car il y a longtemps que je suis avec intérêt votre brillante carrière… » Il l'élève au grade de général de division, et le rappelle en métropole pour lui donner le commandement de la 2e division de l'armée de Paris, puis, en octobre, le ministère de la Guerre.

Ensuite les faits s'enchaînent : concertations à l'Élysée, établissement d'un plan destiné à prendre Paris par surprise et à écraser les récalcitrants, comme en Kabylie… Le coup d'État est une réussite et clôt la parenthèse de la IIe République, pour ouvrir un cycle de vingt ans de prospérité économique, mais aussi de guerre et de répression.

Quant à Saint-Arnaud, qui mourra du choléra en 1854, après sa victoire sur les Russes lors de la bataille de l'Alma, en Crimée, il a reçu tous les honneurs si longtemps espérés : maréchal de France en 1852, sénateur, grand écuyer de l'Empire, grand-croix de la Légion d'honneur… Son efficacité lors du coup d'État lui a même valu de partager la voiture de Louis-Napoléon lors de la parodie de sacre de janvier 1852 et d'être aux premières loges pour savourer les salves d'artillerie et l'envolée du gros bourdon de Notre-Dame… Et cet autre privilège, moins enviable, d'être « conduit à la postérité par l'oreille » par Victor Hugo, dans *Les Châtiments* : « Ce général avait les états de service / D'un chacal, et le crime aimait en lui le vice. / […] Fier, le tonnerre au poing, il avait mis en poudre / Un marchand de coco près des Variétés ; / […] Il avait réussi même, en fort peu de temps, / À tuer sur sa porte un enfant de sept ans ; / Et sa gloire planait dans l'ouragan qui tonne / De l'égout Poissonnière au ruisseau Tiquetonne. »

ROMAN VON UNGERN-STERNBERG (1886-1921) LE KHAN DES STEPPES

David Alliot

« Le baron fou est un tyran / Il pille, il tue les paysans », dit la chanson. Ce n'est pas complètement faux, sauf que le baron von Ungern, s'il était bien un tyran, n'était pas fou. Il avait juste des rêves de grandeur qui n'étaient pas de saison…

Roman Fedorovitch von Ungern-Sternberg, né à Graz en Autriche, le 10 janvier 1886, appartient par sa famille à la vieille aristocratie russe d'origine germanique, installée depuis le XIIIe siècle dans les Pays baltes. Après une jeunesse sans histoires, il poursuit ses études à l'école militaire de Saint-Pétersbourg, d'où il est envoyé en Transbaïkalie (Sibérie orientale) auprès de son régiment avec le grade de lieutenant. C'est dans ce rude Extrême-Orient russe que le baron von Ungern apprend à vivre comme les cavaliers cosaques, sympathise avec les populations nomades d'origine mongole et s'initie au bouddhisme.

Quand éclate la Première Guerre mondiale, il est envoyé sur le front en Galicie, où il fait montre d'une bravoure peu commune. Cinq fois blessé, il est néanmoins considéré par le général Wrangel comme un exalté indiscipliné et peu sociable. Avec l'ataman Semenov, il est envoyé en Sibérie au début de l'année 1917, quand éclate la révolution à Saint-Pétersbourg. Dès lors, les deux hommes se lancent dans une violente guerre contre les bolcheviks, qu'ils haïssent. De 1917 à 1920, le baron von Ungern guerroie en Transbaïkalie : d'une cruauté sans limites pour les populations locales, il traque les espions et agents bolcheviks, qu'il fait fusiller dans l'instant, et n'hésite pas à éliminer ceux qui s'opposent à ses rêves de grandeur.

Convaincu de la décadence de l'Occident – miné selon lui par la démocratie et les droits de l'homme –, le baron von Ungern entreprend de constituer un immense empire en fédérant sous sa coupe les populations mongoles de Russie et de Chine, avant de repartir à la conquête de l'Occident, tel un nouveau Gengis Khan, et de rétablir les Romanov sur le trône de la Sainte Russie…

Mais en 1920, le sort est défavorable aux armées blanches qui se replient un peu partout, tandis que les Rouges avancent victorieux vers la Sibérie orientale. À l'été 1920, Ungern et sa « Division asiatique de cavalerie » composée de deux mille cavaliers d'origines disparates, mais aguerris, entrent en Mongolie extérieure, alors sous souveraineté chinoise. À la surprise générale, ils s'emparent d'Ourga (aujourd'hui Oulan-Bator, capitale de la Mongolie) défendue par les soldats chinois pourtant supérieurs en nombre et en armement, qui sont systématiquement massacrés.

Maître de la Mongolie, le baron von Ungern rétablit la souveraineté du Bogdo Khan, le souverain spirituel des bouddhistes mongols, et instaure son règne de terreur en ordonnant le massacre des rares juifs de la ville, ainsi que celui des commerçants chinois, accusés de tous les maux par la population mongole.

C'est pendant son séjour à Ourga que va naître la légende du « baron sanglant » auprès des Russes blancs qui ont trouvé refuge dans la ville, et qui sont fascinés par cet officier de l'armée du tsar, à l'étrange accoutrement, converti au bouddhisme et qui se réclame de Gengis Khan…

En mai 1921, Ungern et sa Division asiatique de cavalerie remontent vers la Transbaïkalie pour affronter les armées bolcheviks qui se massent en nombre. Considéré comme le dernier « dieu de la Guerre » par les soldats mongols qui lui vouent une admiration sans bornes, ou le « dernier général de l'armée blanche » par ses adversaires, le baron von Ungern entre en Russie à la tête de son armée et commence sa dernière guerre contre l'ennemi bolchevick. Au cours de sa campagne militaire, il remporte de brillantes victoires contre l'Armée Rouge, mais privé de soutien logistique, lâché par les Occidentaux et les Japonais, le combat est sans issue.

Trahi par ses officiers, qui souhaitent gagner la Mandchourie pour y trouver refuge, le baron est arrêté par ses hommes ; il est retrouvé ligoté à un arbre, quelques jours plus tard, par les soldats soviétiques. La capture du baron von Ungern est une prise de choix pour les dirigeants bolcheviks et marque la fin de la guerre civile en Russie.

« Faites-lui un procès et fusillez-le après », aurait ordonné Lénine : les vainqueurs offrent à leur ultime adversaire un procès public, qui s'ouvre le 15 septembre 1921 à Novonikolaïevsk. Ungern est accusé de divers crimes, et notamment d'avoir combattu la révolution prolétarienne. Le verdict est sans surprise : le soir même, il est fusillé, au pied d'un arbre, en bordure de la ville. Dès lors, la légende du « baron fou » va connaître un certain succès auprès des Occidentaux – dont un petit caporal de l'armée du *Kaiser*, un certain Adolf Hitler…

YASUHIKO ASAKA
(1887-1981)
LA MAIN DANS LE SAC

David Alliot

Membre de la famille impériale et oncle de l'empereur Hiro-Hito, le prince Yasuhiko Asaka entre à l'Académie militaire de Tokyo, avant d'être incorporé dans l'armée nippone avec le grade de lieutenant. Entre 1920 et 1922, il est en France, où il étudie la tactique militaire à Saint-Cyr.

Rentré au Japon en 1926, il assure le commandement de la garde impériale. En 1935, il entre au Conseil suprême de la guerre – l'état-major – et devient le principal conseiller militaire de son impérial neveu.

Brouillé avec ce dernier, il est envoyé en Chine continentale en 1937 pour commander les troupes japonaises d'invasion. En novembre, il assiège Nankin, alors capitale de la Chine nationaliste, abandonnée par Chiang Kai-shek et défendue par dix mille hommes mal équipés. La ville tombe le 10 décembre 1937 et malgré ses promesses initiales, le prince Asaka ordonne – en violation complète des conventions internationales – le massacre des soldats désarmés, des prisonniers, ainsi que d'une grande partie de la population civile.

Ce bain de sang, entré dans l'Histoire sous le nom de « Sac de Nankin », dure six semaines sans discontinuer et cause la mort de près de deux cent mille personnes, sans oublier le viol de quatre-vingt mille femmes par les soldats japonais.

Rappelé au Japon, Yasuhiko Asaka réintègre le Conseil suprême de la guerre, mais ne joue plus qu'un rôle effacé jusqu'à la défaite de 1945. En 1946, sur ordre de Douglas MacArthur, qui accorde l'immunité aux membres de la famille impériale, Yasuhiko Asaka n'est pas poursuivi par le Tribunal militaire international pour l'Extrême-Orient pour son implication dans le massacre de Nankin. Déchu de ses privilèges princiers après l'entrée en vigueur de la constitution démocratique du Japon, il ne joue plus aucun rôle politique dans son pays, passant le plus clair de son temps à jouer au golf, et popularise ce sport dans son pays. Yasuhiko Asaka est mort le 13 avril 1981.

FRANZ VON PAPEN
(1879-1969)
« L'IDIOT UTILE » DES NAZIS

David Alliot

Si on devait classer Franz von Papen dans une catégorie, on le placerait volontiers dans celle des « cocus de l'histoire ». Sauf que son historique erreur de jugement va causer plus ou moins directement la mort de cinquante millions de personnes…

Issu d'une famille de la petite noblesse catholique de Westphalie, Franz von Papen est né à Werl le 29 octobre 1879. Après ses études, il intègre une école militaire de cavalerie, puis entame une carrière de diplomate, comme attaché militaire, à Mexico, puis à Washington. Accusé d'espionnage, il est expulsé des États-Unis en décembre 1915 et rentre en Allemagne. Incorporé sur le front de la Somme, il est finalement envoyé en Palestine par l'état-major pour soutenir l'allié turc contre les armées anglaise et arabe coalisées. Démobilisé après la signature de l'armistice, il est élu député conservateur au parlement de Prusse. Partisan du maréchal Hindenburg, Franz von Papen devient chancelier du Reich le 1er juillet 1932 : il pratique une politique favorable aux grands industriels allemands. Tacticien redouté à défaut d'être clairvoyant, il tente de se maintenir au pouvoir en organisant des coalitions et négocie le soutien des députés du NSDAP, sans grand succès.

Faute de majorité stable, le 17 novembre 1932, il démissionne et est remplacé à la chancellerie par Kurt von Schleicher. Au début de l'année 1933, il tente de constituer une grande coalition conservatrice avec les nazis. Pour y parvenir, il accorde le poste de chancelier à Hitler, en se réservant une vice-présidence dotée de pouvoirs étendus. Personnage imbu de sa personne, autoritaire, cassant, peu au fait des changements de société, il négocie avec les nazis, comme avec certains sociaux-démocrates, sans se rendre compte qu'ils le dupent en permanence… Très rapidement débordé par l'activisme des nazis, il est marginalisé après l'incendie du Reichstag.

Nommé ambassadeur à Vienne, puis à Ankara, il ne joue plus aucun rôle politique actif, mais reste député NSDAP jusqu'en 1945. Inculpé au tribunal de Nuremberg, il est finalement relaxé, mais sera condamné à huit ans de travaux forcés par les tribunaux allemands en charge de la dénazification du pays. Après avoir tenté un retour en politique au début des années 1950, il se retire dans son château de Benzenhofen, écrit ses Mémoires et décède le 2 mai 1969.

JOACHIM VON RIBBENTROP (1893-1946) UN PACTE AVEC LE DIABLE

David Alliot

On a beau rappeler en permanence que l'on est un « von », cela n'empêche pas certaines moqueries, surtout de la part de nazis convaincus. Fils d'une famille de militaires prussiens, Joachim von Ribbentrop est né le 30 avril 1893 à Wessel. La jeunesse du jeune homme suit les affectations de son père à travers l'Empire allemand, jusqu'à Metz, en 1908, où, pour avoir critiqué les décisions du *Kaiser*, il est révoqué de l'armée.

Après une vie errante entre la France et l'Allemagne, la famille Ribbentrop s'installe au Québec où le jeune Joachim travaille comme importateur de vins de Champagne. Lors de la déclaration de guerre en 1914, il rentre en Allemagne pour combattre et est blessé en 1917. Démobilisé fin 1918, Ribbentrop se marie et reprend son activité de négociant en champagne, notamment pour la maison Pommery. Ami de Heinrich Himmler, il adhère au Parti nazi en 1932 et devient l'homme de confiance d'Hitler pour négocier auprès des autres partis les conditions de la participation des nazis au pouvoir…

Devenu conseiller d'Hitler sur les questions internationales, Ribbentrop, qui parle couramment l'anglais et le français, supplante en 1938 Konstantin von Neurath, le ministre des Affaires étrangères. Il est chargé des négociations diplomatiques qui aboutissent aux accords de Munich en 1938, puis à la signature du pacte d'Acier, qui noue l'alliance de l'Allemagne nazie avec l'Italie de Mussolini et le Japon impérial. Mais son fait d'armes le plus extraordinaire demeure la signature du Pacte germano-soviétique en août 1939, directement négocié avec son homologue Viatcheslav Molotov : alliance militaire et politique des plus improbables entre frères ennemis, qui prend toutes les chancelleries occidentales de court et précipite le continent dans la guerre.

Pendant la durée du conflit toutefois, l'influence de Ribbentrop décroît fortement. Méprisé par les nazis de la première heure pour sa morgue et son incompétence, il ne joue plus qu'un rôle marginal dans l'appareil. Arrêté par les Alliés, il est jugé au tribunal de Nuremberg et condamné à mort.

Le 16 octobre 1946, Joachim von Ribbentrop est pendu, mais à cause d'une préparation bâclée, l'ancien diplomate mettra près d'un quart d'heure à mourir. « Il aura tout raté, même sa mort », se seraient exclamés les dignitaires nazis qui attendaient leur tour…

FERNAND DE BRINON
(1885-1947)
L'AMBASSADEUR DE FRANCE À PARIS

David Alliot

Le parcours de Fernand de Brinon est la preuve qu'une grande intelligence n'est pas forcément le gage d'une attitude irréprochable. Issu d'une famille de robins, installés dans le Bourbonnais depuis le XIVe siècle, Fernand de Brinon, marquis de son état, est né le 26 août 1885 à Libourne où son père est inspecteur des Haras nationaux.

Après des études en droit puis en sciences politiques, il se lance dans le journalisme et se marie avec Jeanne Franck, une juive de la grande bourgeoisie belge qui se convertit au catholicisme pour l'épouser. Partisan d'un rapprochement avec l'Allemagne après la Première Guerre mondiale, Fernand de Brinon est le premier journaliste français à obtenir une interview du chancelier Hitler, en novembre 1933. Ami de Joachim von Ribbentrop, il est régulièrement invité en Allemagne pour participer à des cérémonies officielles et gagne l'estime de nombreux dignitaires nazis qui apprécient son intelligence et son approche pragmatique des dossiers.

Après l'armistice de juin 1940, Brinon se fait le chantre de la collaboration franco-allemande ; Pierre Laval le nomme « délégué général du gouvernement français dans les territoires occupés » avec rang d'ambassadeur. Surnommé « l'ambassadeur de France à Paris », il est le seul officiel de l'État français apprécié par les nazis. En août 1944, il trouve refuge à Sigmaringen où, à la demande de ces derniers, il préside la « Commission gouvernementale », ersatz de gouvernement destiné à exercer le pouvoir en France, une fois le territoire reconquis par la Wehrmacht. Mais le contexte militaire ne lui donnera pas l'occasion de régner au-delà de cette « communauté réduite aux caquets », pour reprendre l'expression de Louis-Ferdinand Céline, lui aussi à Sigmaringen.

Peu avant la chute du IIIe Reich, Fernand de Brinon tente de fuir en Suisse puis de gagner l'Espagne, mais le 8 mai 1945, il se rend aux Alliés. Le 6 mars 1947, il est condamné à mort pour faits de « collaboration avec l'ennemi » et sera fusillé au fort de Montrouge le 15 avril 1947. Quelques décennies plus tard, Ferdinand de Brinon connaît une certaine postérité littéraire sous la plume de Louis-Ferdinand Céline qui en fait l'un de ses personnages principaux dans *D'un château l'autre.*

ALPHONSE DE CHÂTEAUBRIANT
(1877-1951)
DÉPÔT DE GERBE

David Alliot

Issu d'une famille de la noblesse batave, installée dans l'Anjou depuis le XVIIe siècle, Alphonse Van Bredenbeck de Châteaubriant est né le 25 mars 1877 à Rennes. Après ses études, il intègre Saint-Cyr, mais délaisse une carrière militaire prometteuse pour une autre, plus littéraire.

Installé dans la région de Nantes, il commence à écrire ses premiers textes dans ce grand-ouest de la France qui devient le cadre privilégié de ses œuvres. En 1911, son premier roman, *Monsieur de Lourdines*, est couronné par le prix Goncourt et le propulse au sommet du monde littéraire, même si celui-ci le trouve un brin « provincial ».

Après la Première Guerre mondiale, durant laquelle il a servi comme ambulancier, Alphonse de Châteaubriant publie

La Brière, qui reçoit le prestigieux Prix du roman de l'Académie française en 1923. Auteur à succès pendant l'entre-deux-guerres – chacun de ses livres se vend à près de six cent mille exemplaires –, Alphonse de Châteaubriant glisse de plus en plus vers un patriotisme exalté, teinté de catholicisme mystique. Partisan de la réconciliation franco-allemande, adversaire déclaré de l'athéisme communiste et théoricien d'un régime politique fort, il se déclare partisan du national-socialisme après un voyage en Allemagne en mai 1937.

Son livre *La Gerbe des forces* est à cet égard explicite : « Oui, Hitler est bon. Regardez-le au milieu des enfants, regardez-le penché sur la tombe de ceux qu'il aimait ; il est immensément bon, et, je le répète, bon, avec la conviction parfaite que cette affirmation scandaleuse n'empêchera pas les délicieux, les incomparables raisins français de mûrir sur les coteaux de Beaugency. » Ou encore : « L'appel à la croix gammée, sans qu'il y ait à cela la moindre teinte d'occultisme, signifie cette découverte et cette adoption des grandes forces suprêmes, comme étant la seule régulatrice de la vie des sociétés. » Consécration ultime, le 13 août 1938, à Berchtesgaden, Alphonse de Châteaubriant est reçu par Adolf Hitler, qu'il compare à un nouveau « messie ». Rien de moins.

Sans surprise, en juillet 1940, il fait partie des premiers intellectuels français à se lancer dans une politique active de collaboration et fonde *La Gerbe,* hebdomadaire politique et littéraire, d'inspiration maréchaliste et violemment anticommuniste, qui ouvre ses colonnes à de nombreux écrivains de l'époque. En août 1944, comme tout le gotha de la *Kollaboration,* Alphonse de Châteaubriant prend la route de l'exil et se réfugie à Sigmaringen.

Après la capitulation allemande, il parvient à se réfugier dans un monastère à Kitzbühel, dans le Tyrol autrichien, où il vit sous un nom d'emprunt. Jugé et condamné à mort par contumace le 25 octobre 1945, Alphonse de Châteaubriant ne rentrera jamais en France. Bien qu'activement recherché, il meurt en Autriche le 2 mai 1951.

LOUIS DARQUIER DE PELLEPOIX (1897-1980) FAUSSE NOBLESSE, ESCROC VÉRITABLE

David Alliot

On peut être roturier et aimer le sang bleu… En l'occurrence, Louis Darquier dit « de Pellepoix » ne reculera devant aucun stratagème pour usurper un titre de noblesse, spolier des juifs, escroquer des industriels… Louis Darquier est né le 19 décembre 1897 à Cahors. Les Darquier appartiennent à la bourgeoisie influente de la ville ; sa mère est la propriétaire du *Journal du Lot* et son père, médecin apprécié de la population, est élu maire de la ville en 1906 sous l'étiquette radicale-socialiste.

Après des études médiocres, Louis s'engage comme cuirassier en 1915 et se fait remarquer par son courage physique au front. Démobilisé en 1919, il commence une vie d'escroc mondain et n'hésite pas à arnaquer ses employeurs ainsi que ses nombreuses maîtresses. Virant de plus en plus vers l'extrême droite, il participe à la manifestation du 6 février 1934, dont il revient grièvement blessé par balles.

Devenu la coqueluche de la presse nationaliste, celui qui se présente désormais sous le nom de Darquier de Pellepoix en usurpant un titre de noblesse de sa région, débute sa carrière politique au conseil municipal de Paris où il se signale par sa virulence et ses saillies antisémites. Ami de Louis-Ferdinand Céline et de George Montandon, ethnologue racialiste, Darquier de Pellepoix s'éloigne de l'Action française, qu'il trouve trop modérée, et fonde son propre parti politique, le Rassemblement antijuif, ainsi que son organe de presse *La France enchaînée*, se démarquant rapidement par ses appels au pogrom. Soutenu et financé par les nazis avant la guerre – ce qui lui vaut le surnom de « perroquet d'Hitler » –, Darquier de Pellepoix devient une personnalité influente de la collaboration à partir de juillet 1940.

En 1942, et sur injonction des Allemands qui souhaitent promouvoir un authentique antisémite à ce poste, Louis Darquier de Pellepoix est nommé au Grand Commissariat aux questions juives, organisme créé par Vichy et destiné à organiser l'aryanisation et la spoliation des biens des juifs de France. À ce poste, Darquier de Pellepoix fait montre d'un activisme indéniable, mais passablement brouillon. Sous son impulsion, une propagande haineuse est désormais d'actualité sur les murs des grandes villes et dans les cinémas. De nombreux dossiers concernant l'attribution de la nationalité française sont épluchés, des décisions de son prédécesseur qu'il considère comme « clémentes » sont revues, jetant ainsi des milliers de Français d'origine juive dans les griffes des Allemands. Escroc notoire, Darquier de Pellepoix profite de sa situation pour organiser le pillage des biens juifs, n'oubliant pas de se prendre une copieuse commission au passage. « L'argent passe avant les principes », comme il aime à le répéter.

Révoqué du Commissariat le 7 février 1944 à cause de l'ampleur de ses malversations, qui choquent jusqu'à ses protecteurs allemands, il se fait discret jusqu'au débarquement allié en Normandie. À la libération de la capitale, il est activement recherché à travers tout le pays par le gouvernement provisoire, mais se cache auprès de sa famille dans un immeuble de Neuilly-sur-Seine. Grâce à des amis de sa famille, il parvient en octobre 1944 à gagner l'Espagne de Franco, où il obtient l'asile politique. Le 10 décembre 1947, Louis Darquier – qui n'est plus « de Pellepoix » aux yeux de la très tatillonne justice française – est condamné par contumace à la peine de mort, à la confiscation de ses biens, et à la déchéance nationale, mais pour des raisons inconnues, le gouvernement français ne demande pas son extradition.

Exilé à Madrid, Darquier de Pellepoix poursuit sa morne existence, donne des cours de français et réalise des traductions pour le compte du gouvernement espagnol. Alors que tout le monde – ou presque – l'avait oublié, l'ex-collaborateur est retrouvé, presque par hasard, par Philippe Ganier-Raymond, journaliste à *L'Express* qu'il accepte de rencontrer. Son interview, publiée le 28 octobre 1978, suscite de violentes réactions. L'ancien commissaire ne renie aucun de ses actes antisémites, tente de justifier son rôle pendant l'Occupation, dévoile la réelle implication de son ancien complice René Bousquet et affirme au détour d'une phrase : « À Auschwitz on n'a gazé que des poux. » Si la classe politique est en émoi, la publication de cette interview sera sans conséquence pour Darquier de Pellepoix, qui meurt à Madrid le 29 août 1980.

RUDY DE MÉRODE
(1905-1970)
COLLABORATION ÉCONOMIQUE

Matthieu Frachon

S'appeler Martin est bien pratique dans le crime, sauf si on aime le faste et la lumière. C'est ainsi que Frédéric Martin usurpa le nom illustre de Mérode, l'une des plus anciennes familles aristocratiques de Belgique.

Installé en Moselle, il devient entrepreneur de travaux publics. Poste intéressant pour cet homme recruté dès 1928 par les services secrets allemands. Celui qui s'appelle encore M. Martin travaille à l'édification de la ligne Maginot. Éternelle légèreté des autorités françaises, qui laissent accéder à des secrets militaires un individu douteux, condamné en 1934 à mille francs d'amende pour trafic de drogue…

Martin profite de la bêtise tricolore pour livrer les plans des fortifications à l'Allemagne. Démasqué en 1936, il est condamné à dix ans de prison. À la centrale de Clairvaux, il se lie avec deux autres espions, Gédéon Van Houten et Lucien Bernard. La guerre arrive : Clairvaux est bombardée, évacuée, puis les détenus intéressants sont récupérés par les Allemands.

Dans le Paris occupé, une nouvelle vie commence, facile et sanglante. Frédéric Martin est mort, Rudy von Mérode est né. Il est capitaine de l'Abwehr, au service de Hermann Brandl, dit « Otto », patron de la « centrale d'achats » du Reich. Objectif ? L'argent sous toutes ses formes. Des bureaux sont ouverts pour récupérer les matières premières, l'or, les valeurs, les œuvres d'art dissimulées par les Français les moins désireux de voir leurs richesses participer à l'effort de guerre. Pillage organisé : aux « bons Français » on propose une transaction très avantageuse, pour l'acheteur du moins… S'ils refusent, c'est la déportation. Pour les juifs, l'affaire est plus simple : confiscation sans sommation et départ en Allemagne.

Voyous et affairistes flairent la bonne affaire. Henri Lafont crée avec l'ex-flic Bonny l'officine du 93, rue Lauriston. Le Belge Masuy s'installe au 101, rue Henri-Martin, Friedrich Berger emménage rue de la Pompe. Encore plus snob, « Herr von Mérode » choisit Neuilly : il réquisitionne l'ancien hôtel particulier du prince de Grèce, boulevard Maurice-Barrès.

Avec 30 % des gains prélevés sur chaque saisie, la fortune est assurée. Les Allemands utilisent également ces auxiliaires sans scrupules pour traquer les juifs, les communistes, les « terroristes ». Mérode, qui se dit « prince », sa maîtresse Marie Muratore à ses côtés, dirige trente hommes d'une poigne de fer, secondé par Van Houten qui se fait appeler « baron d'Humières ». Trapu, blond, un peu dégarni, Rudy porte beau : moins vulgaire qu'un Lafont, mais peut-être plus cruel. Lorsqu'il faut « aller au charbon », torturer, il n'hésite pas, pratiquant en personne le supplice de la baignoire, si efficace. Le « prince » exécute lui-même un de ses adjoints qui l'a volé. Mais la collaboration économique est un panier de crabes et Henri Lafont se plaint aux Allemands : des hommes de Neuilly ont délesté un de ses amis de son or. Mérode est intouchable, mais les fautifs, parmi lequel le fameux Serge de Lenz, sont déportés. La rue Lauriston a gagné, les bureaux de Neuilly sont fermés en 1943.

Très vite, Rudy de Mérode trouve un nouvel emploi. L'ex-espion devient chasseur : il opère en province, démantèle des réseaux de résistance. Envoyé en Espagne en 1944, il y crée une antenne du SD *(Sicherheitsdienst)*, le service de renseignement de la SS. Mais là encore, la concurrence est rude : son rival le Belge Masuy travaille aussi pour les SR allemands, ceux de l'armée. Les deux hommes se détestent, ils se dénoncent mutuellement aux autorités espagnoles comme « agents d'une puissance étrangère ». Dans l'affaire, Rudy de Mérode triomphe : Masuy, livré aux Alliés pour « double jeu », est fusillé.

Rudy quant à lui est condamné à mort par contumace en 1946, mais il s'en moque. Son trésor de guerre avoisine le milliard de francs ; il est protégé par Franco et on murmure même qu'il rend des services aux Français. Le « prince de Mérode », ainsi qu'il se présente, donne des interviews, se comporte en homme d'affaires, investit, plastronne. Il meurt vers 1970 à Barcelone, sans avoir jamais été inquiété.

MARA TCHERNYCHEFF

(1915- ?)

UNE « COMTESSE DE LA GESTAPO »

David Alliot

L'occupation de la France par les armées allemandes, de 1940 à 1944, n'a pas été un drame pour tout le monde. Certaines femmes ont profité des largesses et des opportunités de l'époque, quitte à frayer avec des gens peu recommandables. Pourtant, rien ne prédisposait Mara Tchernycheff à mener une vie de demi-mondaine. Née le 16 mai 1915, elle est issue d'une vieille famille de l'aristocratie russe et de serviteurs de la monarchie. Mais en 1919, dans le sillage des armées blanches en pleine débâcle, la famille fuit la Russie pour émigrer en France.

D'une grande beauté, Mara Tchernycheff débute comme mannequin chez Chanel, puis chez Schiaparelli, faisant aussi quelques apparitions dans les films de l'époque. En 1939, elle épouse Henri Garascu dit « Garat », un acteur d'origine roumaine au passé trouble, familier des frasques en tout genre, mais qui peut lui faire obtenir la nationalité française tant convoitée…

Peu avant la déclaration de guerre, le couple juge plus prudent de s'exiler à Rio de Janeiro. Au Brésil, la comtesse Tchernycheff s'éloigne rapidement de son mari et s'éprend de Raymond Castro Maia, un riche industriel local. Le divorce devient inévitable et le mari éconduit rentre en France.

À la fin de l'année 1941, la comtesse reçoit un courrier de ce dernier qui lui annonce que sa mère est gravement malade. Mara Tchernycheff rentre en France, malgré les difficultés d'un tel voyage en pleine guerre, pour apprendre que sa mère est en bonne santé et qu'elle a été victime d'une machination ourdie par son ex-mari pour se venger d'elle…

Coincée à Paris, elle reprend sa vie de demi-mondaine et fait la connaissance de Max Stoecklin, agent à la solde des Allemands et grand ami de Henri Lafont, le chef des malfrats de la rue Lauriston. Désormais bien introduite dans le monde interlope du marché noir, soutenue par ses puissants « parrains », Marie Tchernycheff ouvre son propre « bureau d'achat », spécialisé dans la livraison d'alcool aux autorités allemandes, sans omettre de prendre sa commission au passage. Désormais l'argent coule à flots chez la comtesse, qui mène grande vie dans un appartement pris à des juifs. Elle prend un SS pour amant, Hans Leimer.

Le cas de Mara Tchernycheff n'est pas isolé : elles sont nombreuses, ces « comtesses de la Gestapo » qui fréquentent les marlous de la « Gestapo française ». On peut citer également Antoinette Hugues, comtesse de Bernardi, Olla Lemesle, baronne de Beaufort, ou encore Maria Angustias Nuñez, marquise de San Carlos de Pedroso… Toutes ces femmes mettent à profit leurs noms et leurs charmes pour s'enrichir honteusement.

En mars 1943, la situation devient tendue pour Mara Tchernycheff, qui est arrêtée par les Allemands : ils se méfient de cette aristocrate russe, qu'ils soupçonnent d'être un agent double. Henri Lafont obtient sa libération, mais elle doit se faire plus discrète et s'exile dans les palaces de Biarritz et de Megève.

Quand elle revient à Paris, en juillet 1944, elle tente de se relancer dans les affaires, mais la situation a beaucoup changé… De nouveau arrêtée par les Allemands, elle est envoyée à Berlin pour y être jugée. Sa détention n'a pas dû être trop difficile, puisqu'elle est retrouvée en mai 1945 par l'armée américaine dans une station de ski bavaroise… Renvoyée en France, elle est internée à Fresnes et condamnée en 1946 à deux ans de prison, pour vol, escroquerie et intelligence avec l'ennemi. Libérée au début des années 1950, elle reste quelques années à Paris où elle essaie sans succès de se refaire dans l'immobilier, puis s'exile au Mexique, et aux États-Unis, où l'on perd définitivement sa trace…

ASSASSINER UN ASSASSIN : CLAUS VON STAUFFENBERG (1907-1944)

UN RENDEZ-VOUS EXPLOSIF

David Alliot

Même dans la Wehrmacht, les conquérants peuvent avoir des états d'âme sur l'attitude de leur hiérarchie. Issu d'une des plus anciennes familles catholiques de la noblesse allemande, qui a donné des générations d'officiers à de nombreux royaumes germaniques puis à l'Empire, le jeune Claus von Stauffenberg décide fort logiquement d'intégrer l'armée une fois ses études terminées. Partisan d'un régime fort, mais guère favorable aux nazis qu'il considère comme des « voyous », il n'en admire pas moins Adolf Hitler, qu'il juge apte à mener la « révolution conservatrice » qu'il appelle de ses vœux.

En 1939, Claus von Stauffenberg participe aux combats en Pologne, et l'année suivante, reçoit la Croix de guerre pour sa bravoure pendant la campagne de France. Fin 1942, il est en train de se battre dans le Caucase lorsqu'il est muté en Tunisie pour couvrir la retraite du maréchal Rommel. Gravement blessé lors des combats, il perd son œil gauche, ainsi que l'usage de sa main droite et doit être rapatrié en Allemagne.

Désormais convaincu qu'Hitler conduit son pays au désastre, Stauffenberg devient l'organisateur et le planificateur de l'opération « Walkyrie », destinée à assassiner le Führer pour donner le pouvoir à l'armée et négocier la paix avec les Alliés. Le 20 juillet 1944, il est convoqué à l'état-major d'Hitler à la Wolfsschanze, en Prusse orientale. L'occasion tant attendue d'en finir est arrivée. Mais sur place, rien ne se passe comme prévu. Stauffenberg n'arme qu'une seule charge explosive au lieu des deux prévues, et la réunion qui devait avoir lieu dans un bunker souterrain se déroule en fait dans un cabanon en bois. Après avoir déposé sa mallette piégée le plus près possible du Führer, Stauffenberg parvient à gagner Berlin après l'explosion, mais sur place, l'incertitude concernant la mort du Führer, les hésitations et la mauvaise coordination des conjurés sèment la confusion dans la capitale. À dix-huit heures trente, Adolf Hitler s'exprime à la radio allemande. Gravement blessé, mais nullement mort, le Führer reprend rapidement la main, proclame la loi martiale et l'arrestation des conjurés. Une impitoyable répression va s'abattre sur ceux qui l'ont trahi. Arrêté par des militaires fidèles au régime, le soir même de sa tentative de coup d'État, Claus von Stauffenberg est exécuté le 21 juillet 1944 à l'aube.

Par Bruno Fuligni

L'ASSASSIN D'AUTEUIL

La charge est si violente que cette caricature en oublie d'être drôle. « Bandit », lit-on comme une flétrissure marquée au fer sur le front bas de ce personnage patibulaire, tandis qu'un panneau d'infamie porte l'inscription : « Pierre Bonaparte, l'assassin d'Auteuil. Sois maudit comme ceux de ta race, sois maudit nouveau Mandrin !!! »

Le triple point d'exclamation, surenchère dans la haine, s'explique dans le contexte de l'Année terrible, 1871, tout comme la radicalisation du dessinateur Hippolyte Mailly. Né à Villers-Cotterêts (Aisne) le 13 mars 1829, illustrateur et lithographe, celui-ci s'est fait connaître sous le Second Empire par des représentations plus rondes et plus souriantes d'Alexandre Dumas, de Rossini et d'autres personnalités en vogue, en une du *Hanneton*, revue satirique.

Employant la technique des « grosses têtes », bien connue des caricaturistes, il a trouvé ici un principe simple et efficace en passant au « pilori » tous les hauts personnages du Second Empire, dont Napoléon III, ainsi d'ailleurs que les républicains modérés comme Jules Ferry : cette planche, qui porte en bas le n° 11, s'inscrit en effet dans une série de trente et un portraits visant à représenter en malfaiteurs les ennemis politiques de cet artiste révolutionnaire.

Avec Pierre Bonaparte il est vrai, la distinction entre droit commun et vie publique se brouille, comme le soulignent non seulement l'énorme revolver d'ordonnance dont l'individu ne semble pouvoir se séparer, mais aussi ses mains monstrueuses et disproportionnées, ou encore ses pieds scrofuleux et griffus qui ont un petit quelque chose de diabolique.

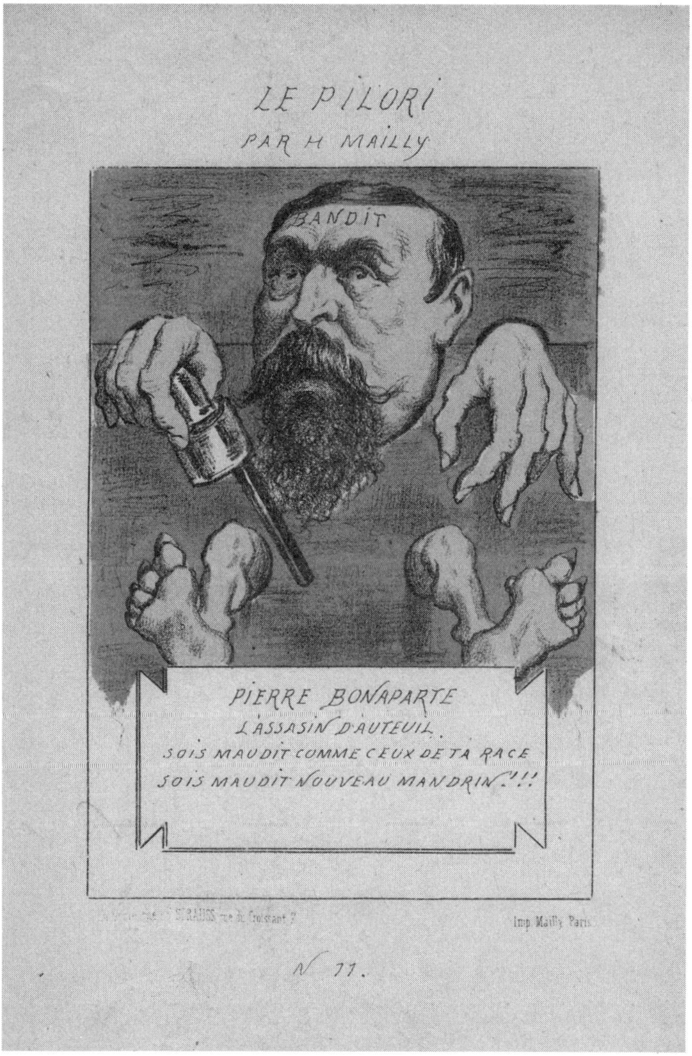

La caricature est dessinée
à partir d'un sage portrait photographique signé Disdéri.

Il faut la suspension temporaire de toute censure pour qu'un tel dessin puisse paraître. Hippolyte Mailly est ici son propre imprimeur, comme l'indiquent les mentions au bas du portrait qui signalent aussi l'adresse du distributeur : rue du Croissant, 7. Cet imprimé provient donc de cette fameuse « république du Croissant », ainsi qu'on surnommait le quartier parisien de la presse, non loin de la Bourse et de l'agence Havas. C'est à l'angle de la rue du Croissant et de la rue Montmartre que, d'un côté, Zola livrera en 1898 son « J'Accuse… ! » à *L'Aurore* et, de l'autre, que Jaurès sera assassiné en 1914 avant de boucler son éditorial pacifiste de *L'Humanité*. Au temps d'Hippolyte Mailly déjà, journalistes, illustrateurs et typographes préparent dans ces quelques rues l'essentiel de la presse nationale, et la profession n'a pas oublié la retentissante affaire à laquelle renvoie cette caricature.

Né à Rome le 11 octobre 1815, fils de Lucien Bonaparte et cousin de l'empereur Napoléon III, Pierre Bonaparte a mené une vie aventureuse : comploteur *carbonaro* en Italie, combattant en Amérique du Sud, il a le sang chaud et a d'ailleurs révolvérisé un quidam à New York, avant d'être élu député de la Corse. Sous l'Empire, il vient se fixer dans sa confortable villa d'Auteuil, d'où il conserve un œil sur l'île de ses ancêtres.

Or, c'est justement dans un journal corse, *La Revanche*, qu'il est attaqué très violemment par un jeune journaliste né à Corte, Paschal Grousset. Celui-ci vit à Paris, où il s'est formé à l'école de Rochefort ; on le surnomme « le prince des polémistes ». L'autre prince, Pierre Bonaparte, n'est pas dupe et sait que Rochefort est là en coulisse : il veut le provoquer en duel et répond donc au pamphlet en menaçant de mettre *le stentine per le porrete* (« les tripes aux champs ») à ses accusateurs.

Le 9 janvier 1870, deux témoins se présentent à sa villa d'Auteuil. Deux blancs-becs qui n'ont pas trente ans et qui lui portent un cartel, non de Rochefort, mais de cet obscur Grousset, fils d'un miteux professeur de mathématiques ! Furieux, le prince décharge son pistolet sur les témoins : il abat purement et simplement le malheureux Victor Noir, journaliste de vingt-deux ans.

L'annonce de ce meurtre, perpétré par un proche parent de l'Empereur, met la France en émoi. Paris gronde, tandis que l'opposition républicaine profite de l'indignation générale, déplorant que Victor Noir ait cru « qu'un Bonaparte puisse être autre chose qu'un assassin ».

Le drame va d'ailleurs se doubler d'injustice. Paschal Grousset est arrêté, puis tenu au secret pendant deux mois, comme s'il était responsable des coups de feu. Pierre Bonaparte sera jugé, certes, mais devant une juridiction spéciale, la Haute Cour de justice, qu'on choisit de réunir dans la sage ville de Tours, loin de ces Parisiens revendicatifs et agités.

Grousset est alors entendu comme témoin. « Êtes-vous parent avec l'accusé ? » lui demande, comme le veut la procédure, le procureur impérial. « Letizia Bonaparte a eu tant d'amants que je ne saurais dire si je suis ou non parent de cet homme », réplique le jeune polémiste, tandis que les agents de la force publique peinent à maîtriser le prince, qui voudrait bondir hors de son box pour corriger l'insolent. Cet affront sera toutefois sa seule punition : les juges très complaisants de la Haute Cour acquittent en effet le cousin de l'Empereur, qui affirme pour sa défense que le défunt avait tenté de le frapper. Un verdict scandaleux qui va considérablement affaiblir le régime, à la veille de la guerre de 1870.

Pierre Bonaparte, réfugié en Belgique à la chute de l'Empire, reviendra en France en 1877 et s'éteindra à Versailles en 1881.

Paschal Grousset, combattant volontaire pendant le siège de Paris, est élu le 26 mars 1871 membre de la Commune par les habitants du 18e arrondissement. S'emparant les armes à la main du ministère des Affaires étrangères, il s'impose comme le « délégué aux Relations extérieures » du pouvoir insurrectionnel, ce qui lui vaudra la déportation en Nouvelle-Calédonie, d'où il s'évadera en 1874 – avec Rochefort. En exil en Angleterre, il écrira de nombreux ouvrages, en particulier des romans de science-fiction, dont trois seront arrangés par Jules Verne. De retour en France après l'amnistie des communards, il sera député de Paris et va militer pour la propagation du sport, tel qu'il l'a observé chez les Anglais. C'est lui qui a importé le « *foot-ball* » en France.

Quant à Victor Noir, sa tombe au Père-Lachaise est devenue un lieu de culte, non pour les républicains qui vont plutôt saluer la mémoire des communards au Mur des Fédérés, mais pour les femmes en désir d'enfant : sur son gisant de bronze, dû au sculpteur Dalou, un pli saillant dont scintille la patine perpétuellement dépolie signale l'étrange vigueur posthume du jeune homme.

CHAPITRE V

LES PRIVILÉGIÉS DE LA JUSTICE

Ce tour d'horizon des « aristos du crime » serait incomplet sans l'évocation des quelques assassins chanceux qui – à l'instar du prince Pierre Bonaparte – ont échappé à toute condamnation.

Peuvent-ils seulement être qualifiés de « criminels », d'ailleurs ? Les crimes impunis n'ont pas d'auteur, dans la mesure où celui-ci, même connu, identifié, ne subira jamais la flétrissure sociale qu'emporte le verdict – y compris la peine prononcée par contumace contre un coupable en fuite. Exemptés de jugement, ignorés des magistrats, voire innocentés, les personnages qu'on va trouver ici sont juridiquement d'honorables sujets ou citoyens : seul le tribunal de l'histoire y trouvera quelque chose à redire.

Être au-dessus des lois, ne pas dépendre de la justice ordinaire, y a t il une plus grande marque d'aristocratie ?

LE PRINCE DE BIDACHE
(1572-1644)
LE COCU SOUVERAIN

Bruno Fuligni

Par un beau jour de mars, en l'an de grâce 1610, Antoine II, comte de Gramont, s'en revient de la chasse. De retour en son château de Bidache, il se rend compte que le gibier n'est pas seul à arborer des bois de cerf : il trouve sa noble dame au lit avec le jeune écuyer Marsilien.

Le comte poignarde immédiatement l'impudent, avant de faire claquemurer l'épouse infidèle dans la plus haute tour. Vassaux du roi de France pour l'essentiel de leurs possessions, les Gramont se considèrent comme princes souverains à Bidache, minuscule terre allodiale située en bordure du royaume de Navarre. Ayant droit de haute et basse justice en sa principauté, le comte fait d'abord juger le cadavre de l'écuyer, que sa petite justice seigneuriale, d'une indépendance très relative, condamne à être décapité. Une sentence de mort menace aussi la comtesse, née Louise de Roquelaure, dont la famille alerte le roi de France. La justice royale est saisie, mais le magistrat qui se présente à Bidache n'y est admis qu'à titre privé et non « en qualité de personne publique ». Une querelle juridique s'amorce sur la souveraineté de Bidache.

Les lenteurs de cette procédure ne sauveront pas la fautive, qui meurt mystérieusement, le 9 novembre 1610 : empoisonnée disent les uns, laissée sans soins après une chute vertigineuse du haut de la tour disent les autres, le plancher pourri de sa cellule ayant cédé.

Cet épisode va marquer la fin de l'indépendance judiciaire de Bidache, le parlement de Bordeaux ne reconnaissant que des exemptions fiscales à la petite seigneurie. Celle-ci d'ailleurs, sans avoir même envoyé de député aux États généraux de 1789, sera incorporée unilatéralement au département des Basses-Pyrénées l'année suivante.

Quant au comte de Gramont, il ne sera jamais inquiété pour ce double assassinat perpétré sur ses terres. Il vivra longtemps, assez pour voir le roi de France, en 1643, octroyer aux Gramont le titre de duc. Antoine II, âgé de vingt-neuf ans au moment de l'affaire, va même se remarier en 1618 et sa nouvelle femme ne l'aura sans doute cocufié qu'en terre indiscutablement française et dans la plus exquise discrétion.

LE COMTE DE MORANGIÈS (1728-1801) LA BÊTE HUMAINE

Marieke Stein

L'affaire de la bête du Gévaudan reste l'un des mystères non résolus de l'histoire. Rappelons les faits : de 1764 à 1767, la province du Gévaudan, dans l'actuelle Lozère, est ensanglantée par un mystérieux animal qui attaque les villageois – bergères, enfants, jeunes femmes parties aux champs et dont on retrouve le corps sans vie, en partie dévoré, parfois atrocement mutilé. Peu à peu la créature semble s'enhardir, jusqu'à attaquer dans les villages mêmes... On accuse d'abord les loups, mais bientôt les témoins ne désignent plus le coupable que comme « la bête »... Car les paysans connaissent bien les loups, et cette « bête », beaucoup plus grosse qu'un loup, est fort différente : elle ignore les troupeaux pour s'attaquer aux hommes ; parfois elle décapite ses victimes ; plusieurs fois on retrouve, à côté d'un cadavre sanguinolent, ses vêtements soigneusement pliés.

Morangiès : l'homme et la bête.

Rapidement on parle de sorcellerie : l'animal survit aux coups de fusil, observe tranquillement les villageois sans en avoir peur, ignore les appâts empoisonnés...

La réputation de la bête arrive jusqu'à Versailles : la Cour plaint cette pauvre province déjà durement touchée par les guerres de religion et dont les terres pauvres, les sols rocheux, le climat rude ne facilitent guère la vie aux cultivateurs... Louis XV doit réagir. Il envoie en Gévaudan Denneval, le plus grand louvetier du royaume, puis, devant l'échec de celui-ci, Antoine de Beauterne, son porte-arquebuse personnel. Celui-ci tuera un très gros loup, mais, après quelques semaines, les crimes recommencent. Ce sera finalement lors d'une chasse organisée par un notable local, le marquis d'Apcher, qu'un paysan tuera une grosse bête et mettra ainsi fin à plus de deux années de carnage, trois cents attaques et près de cent morts.

Quelle était cette créature ? Les premiers historiens de l'affaire ont souvent incriminé les loups, dont les attaques auraient simplement été grossies par la superstition. Quant aux décapitations et mises en scène macabres, elles auraient été le fait de quelque sadique s'amusant avec les cadavres abandonnés par les loups. Mais avec le développement, dans les années 1970, de l'éthologie – la science du comportement animal –, la culpabilité du loup a été écartée. Plusieurs chercheurs, comme Gérard Ménatory ou Michel Louis, sont formels : les loups n'attaquent pas l'homme, ou très exceptionnellement ; ils le craignent. Cette bête est donc forcément un animal dressé à tuer. Cette certitude, aujourd'hui partagée par la communauté des chercheurs, soulève bien d'autres questions. De quelle bête s'agit-il ? D'un canidé, d'après sa formule dentaire, protégé par une cuirasse en peau de sanglier retournée, lacée sous le ventre, comme l'a compris Michel Louis en 1992. Mais par qui a-t-elle été dressée ? Qui pouvait être suffisamment pervers pour lancer un animal sur les paysans ? Qui avait les moyens, la tranquillité, le temps pour concevoir un plan aussi machiavélique ?

En 1980, le département de biométrie de l'Institut national de recherche agronomique mène une analyse informatisée des crimes de la bête, révélant une évolution du mode opératoire du criminel – ce qui écarte l'hypothèse d'un animal sauvage –, une préférence pour les victimes jeunes – propre aux criminels sexuels – et l'implication probable de *deux* individus. L'un d'eux – l'homme de main, celui qui accompagnait la bête – est probablement Antoine Chastel, garde-chasse solitaire, inquiétant « meneur de loups » vivant isolé dans la forêt du mont Mouchet où eurent lieu un grand nombre d'attaques. Mais l'autre ? Car il y a certainement un autre, haut placé, informé des battues, qui pouvait cacher sa bête ces jours-là et qui disposait d'un local secret et inviolable pour y dresser son monstre, probablement avec des proies humaines… En 1936, le romancier Abel Chevalley propose un nom, ensuite repris par plusieurs historiens : Jean-François Charles de La Molette, comte de Morangiès.

Né en 1728, fils aîné d'une ancienne et puissante famille du Gévaudan, Jean-François de Morangiès s'engage à treize ans dans le corps des mousquetaires du roi. Il prend part à la guerre de Sept Ans. En 1757, il est désigné gouverneur de Minorque, île qu'il ne parvient pas à défendre contre les Anglais et qu'il faut leur céder en 1763. Disgracié, le comte regagne son fief du Gévaudan. Et en octobre, les crimes de la bête commencent, dont un bon nombre autour de la commune de Saint-Alban, fief des Morangiès… Il n'existe aucune preuve sérieuse de l'implication de Morangiès dans l'affaire, mais de troublantes conjonctions de dates et un faisceau de présomptions : le comte mène une vie dissolue, condamnée par sa famille ; disgracié après son échec à Minorque, il en garde de l'amertume ; il s'ennuie en Gévaudan, lui qui aime tant la folle vie parisienne ; et surtout, militaire depuis l'adolescence, il doit avoir une profonde connaissance des chiens de guerre – et il en fallait pour créer un hybride aussi fort, aussi agressif, aussi bien dressé, et protégé d'une cuirasse.

Et surtout, partageant son temps entre Paris, Versailles et le Gévaudan, le comte est présent à Saint-Alban aux périodes où sont commis les crimes.

Morangiès fera plus tard parler de lui dans la France entière – mais en raison de ses dettes. Car le comte est un libertin qui, très jeune, a entamé largement le patrimoine de sa famille. Il a obtenu de son père un héritage avant terme, ce qui lèse gravement ses trois frères – sans parler des jeunes sœurs, sans dot, qui finiront leurs jours dans un couvent. En 1773, il est emprisonné pour dettes à l'issue d'un procès retentissant où Voltaire lui-même le défendra dans un pamphlet indigné. Mais il est noble, et ses créanciers sont des roturiers : il est donc acquitté. Il se sent néanmoins déshonoré et, l'accès de son château de Saint-Alban lui étant interdit, il s'installe à Metz où il épouse « la Marie-Fontaine », une femme mariée ! Nouveau procès : la femme est internée à la Salpêtrière, lui-même est emprisonné de nouveau. Son propre fils est coupable de viol sur la fille de la Marie-Fontaine, qui n'a que treize ans, et il lui transmet une maladie vénérienne. Le comte dédommage la jeune fille... Toujours cerné par les dettes, Morangiès finit par regagner le château de Saint-Alban avec son épouse libérée. Là, il retrouve les frères qu'il a lésés, et défraie la chronique en se battant avec eux, un dimanche, à la sortie de la messe : l'un d'eux le poursuit armé d'une hache, devant les villageois ébahis !

Morangiès aura une fin peu glorieuse : en 1801, il meurt lors d'une scène de ménage, des suites d'un coup de pelle à feu que la Marie-Fontaine lui assène sur la tête. Vendu en 1821, le château est reconverti en asile psychiatrique... Quant au mystère de la bête du Gévaudan, il reste entier.

LE COMTE WALSIN ESTERHAZY
(1847-1923)
UNE SALE AFFAIRE

Bruno Fuligni

Quand le capitaine Dreyfus, à l'automne 1894, est mis au secret, il y en a un qui jubile : c'est le comte Walsin Esterhazy. Quand le conseil de guerre condamne le jeune officier pour espionnage, que celui-ci est dégradé publiquement tandis que la foule crie « Mort au traître » et « Mort aux juifs ! » et qu'on l'embarque pour le bagne, il y en a un qui est ravi : toujours le comte Walsin Esterhazy !

L'erreur judiciaire est ce qu'il peut arriver de mieux à un espion, qui se retrouve ainsi couvert par la plus solide des preuves, une décision de justice. Le bordereau récupéré dans la corbeille de l'attaché militaire allemand ? On l'a attribué à Dreyfus après une dictée rapide, mais tous les élèves officiers ont un peu la même graphie, apprise à l'école ; et ce bordereau, de qui est-il en réalité ? Du comte Walsin Esterhazy !

Il est vrai que tout est faux, tout se dérobe, quand on se penche sur la vie de cet homme, dont le nom même est une imposture. De la vieille famille hongroise Esterhazy, Ferdinand n'est issu que de la main gauche : fils naturel de la comtesse Esterhazy de Galantha et d'un aristocrate français, il n'a théoriquement droit ni au titre, ni au nom. Né à Paris, il a été élevé par le Dr Walsin, médecin de la cour austro-hongroise. Sa carrière militaire est elle aussi irrégulière : recalé à Saint-Cyr, il se forme chez les zouaves pontificaux, les soldats du pape, avant de passer par la Légion où il obtient de passer officier sans remplir les conditions réglementaires. Au 2e Bureau, il se fait des relations qui se révéleront utiles. Marié, il a de nombreuses liaisons extraconjugales et s'endette. L'attaché militaire allemand Schwartzkoppen lui apporte, par ses subsides secrets, la solution à ses problèmes.

En mars 1896 pourtant, lui parvient de son officier traitant un compromettant message par pneumatique, un « petit bleu » comme on dit alors, intercepté par le contre-espionnage français. Picquart fait surveiller Esterhazy. La même année, Mathieu Dreyfus, frère du condamné, rencontre le banquier Castro, qui a remarqué des similitudes entre l'écriture de son client Esterhazy et celle du bordereau publié dans la presse. Le vent tourne, mais Esterhazy est averti et protégé par deux officiers du 2e Bureau, Henry et surtout le commandant du Paty de Clam, « l'ouvrier diabolique de l'erreur judiciaire » selon Zola. L'armée ne veut pas se déjuger et l'antisémitisme égare bien des esprits. Le 10 janvier 1898, passant à son tour devant le conseil de guerre, le commandant est non seulement acquitté, mais ovationné, tandis que Picquart est mis aux arrêts de forteresse.

C'est dans ce contexte explosif que Zola publie « J'Accuse… ! » dans *L'Aurore*, le 13 janvier. Poursuivi devant la justice civile, l'écrivain sera condamné, mais l'un des officiers entendus, le général de Pellieux, révèle étourdiment à l'audience l'existence d'une pièce secrète dont les dreyfusards vont réclamer la communication.

À l'issue de péripéties nombreuses, il apparaît que la pièce accablante est un faux, une « forgerie » du capitaine Henry, lequel est enfermé au mont Valérien. Le 31 août 1898, on le retrouve exsangue, la gorge tranchée.

Il y en a un qui ne jubile plus, c'est le comte Walsin Esterhazy. Pas question de se suicider pourtant, ni même de laisser le contre-espionnage et les dreyfusards lui demander des comptes. Le 4 septembre, il prend le train pour la Belgique, d'où il passe en Angleterre.

Cet homme qui a espionné et trahi son armée, qui a laissé un innocent croupir quatre ans à l'île du Diable, va-t-il se tenir tranquille ? Pas le moins du monde ! Pendant vingt-cinq ans, par articles de presse interposés, il entretient les antisémites dans leurs convictions, à un moment où la République peut encore chanceler sous l'assaut des ligues nationalistes. Sa plus grande trouvaille : il reconnaît être l'auteur du bordereau, qu'il aurait rédigé sur ordre de ses supérieurs et sous leur dictée, en vue d'infiltrer le réseau de renseignement allemand… Tandis que lui parviennent des soutiens financiers des antidreyfusards, il monnaie ses confidences aux journaux. Ces expédients n'ont qu'un temps, d'autant que *Le Figaro* publie une lettre à sa maîtresse Gabrielle de Boulancy, dans laquelle le héros des nationalistes se laisse aller à cette confidence bien étrange : « Si un soir on venait me dire que je serais tué demain comme capitaine de uhlans en sabrant des Français, je serais certainement parfaitement heureux. »

Après un long tunnel de dèche à Londres, Esterhazy se refait comme traducteur et journaliste. Dans une petite ville du Hertfordshire, Harpeden, il se retire en 1908 sous le nom de comte de Voilemont. Il mène une vie rangée avec sa dernière compagne, publiant encore sous pseudonyme quelques articles dans la presse française. Pendant la Grande Guerre, sa prose est très défavorable aux Alliés, mais sans doute est-ce encore une manœuvre d'infiltration à triple bande…

Dans la nuit du 20 au 21 mai 1923, celui dont la trahison et les mensonges déterminèrent la plus violente affaire politico-judiciaire de l'histoire française trépasse insensiblement dans son lit. Sur sa pierre tombale, un vers de Shelley : « *He has outsoared the shadow of our night.* » Il a traversé l'ombre de notre nuit, en effet, sans jamais subir aucune condamnation judiciaire.

LE MARQUIS DE NAYVE
(DATES INCONNUES)
LES SECRETS DE FAMILLE

Bruno Fuligni

Hippolyte Menaldo, à douze ans, est un garçon heureux. Maria Chaix, couturière à Orléans, l'élève comme son fils, avec douceur et bonté, depuis que des prêtres bien intentionnés lui ont confié cet enfant du péché qui, à sa majorité, doit percevoir une coquette somme.

Le 6 septembre 1883, pourtant, un petit homme mal-aimable se présente à la couturière : le marquis de Nayve, châtelain de Sidiailles. Fonctionnaire désargenté, il a épousé la riche Hélène Massé de Baudreuille, celle-là même qui dans sa prime jeunesse, en 1871, pour avoir eu des complaisances envers un beau valet de ferme, a accouché en secret du petit bâtard. Il se préoccupe, explique le marquis, de l'enfant et de son avenir. Hippolyte doit être instruit pour devenir prêtre.

Enlevé à sa mère adoptive, le garçon est placé dans une institution religieuse où il est affreusement malheureux. Trois fois, il tente de fuguer, pour retrouver Maria Chaix. La prêtrise ? Il n'a nullement la vocation…

Le marquis, à qui son épouse a donné deux fils, s'est désintéressé du petit Menaldo, mais à l'automne 1885, il semble chercher à apaiser l'enfant, qu'il décide d'emmener en voyage en Italie. Or, M. de Nayve rentre seul en France : Hippolyte, explique-t-il, s'est encore échappé et il lui est arrivé malheur…

Presque neuf ans plus tard, maltraitée par son époux dont elle ne supporte plus l'arrogance ni l'avarice sordide, la marquise de Nayve adresse une incroyable lettre au procureur de la République : pour que ne soit jamais révélé le scandale et que le patrimoine familial ne soit pas entamé par l'enfant naturel, le marquis a sciemment tué Hippolyte Menaldo, le précipitant dans l'abîme de la Fusarella, sur le littoral de Sorrente !

L'accusation concorde avec les constatations faites par la police italienne sur le cadavre d'un enfant repêché en 1885. La justice est saisie de ce crime d'autant plus atroce que le marquis de Nayve, fils d'une ouvrière gantière, est lui-même un enfant naturel, légitimé sur le tard. Mais en l'absence de preuves formelles, peut-on envoyer un notable à la guillotine ? Le jury, qui a le sens des convenances, est en outre indisposé par l'animosité de la marquise, dont le mari, très habilement, fait savoir qu'elle subit fortement l'influence d'un confesseur néfaste. Pour sauver sa tête, le châtelain réactionnaire n'hésite pas à flatter l'anticléricalisme ambiant…

Le calcul se révèle payant : acquitté, Baptistin de Nayve retourne en son château, où il finira sa vie auprès de celle qui l'a accusé publiquement d'avoir assassiné son premier enfant… Balzac n'avait rien vu.

LE PRINCE ALEXANDRE NDOUMBÉ DOUALA MANGA BELL

(1897-1966)

LE PRINCE NOIR

Bruno Fuligni

« Je suis un nègre. Il n'y a là rien de péjoratif. Je suis noir – *niger, nigra, nigrum* – vous êtes blancs – *blancus, blanca, blancum* – ce n'est pas votre faute. » Franc-parler, provocation et latin approximatif : tout Alexandre Ndoumbé Doualla Manga

Bell tient dans cette déclaration, faite à la tribune de l'Assemblée nationale française par le député du Cameroun, dans les dernières années du colonialisme. Un député qui est par ailleurs un prince de sang royal.

Car l'Afrique aussi a ses familles régnantes et son aristocratie. Le prince Douala Manga Bell, souverain coutumier des Sawa, en pays Douala, a conscience d'incarner la continuité d'un très haut lignage. Son grand-père a signé le traité qui faisait du Cameroun une colonie allemande, en 1884. Son père se prénomme Rudolf, ce qui n'a pas empêché ce prince noir germanophone de s'opposer aux empiètements du colonisateur, qui le fait pendre le 8 août 1914. Alexandre, au moment de l'exécution, est quant à lui en Allemagne : entre la cour de Guillaume II et l'université de Heidelberg, il acquiert une culture composite mais étendue, ainsi qu'un sens de l'honneur d'une rigidité toute prussienne.

À la fin de la Grande Guerre, l'Allemagne perd toutes ses colonies : le Cameroun, sous mandat, est partagé entre la France et la Grande-Bretagne. Le jeune prince, de retour sur ses terres africaines, s'établit comme « propriétaire planteur » et épouse en 1921 une jeune femme d'origine cubaine qui lui donnera deux enfants. Après trois années passées à Paris, le couple se sépare. Douala Manga Bell retourne au Cameroun, d'où il envoie périodiquement des secours à sa famille lointaine. José Manga Emmanuel, son fils, le rejoint en 1942 : le père et le fils sont ensemble quand l'Afrique française, pendant la guerre, bascule dans le camp de la France libre.

Doula Manga Bell, en 1945 et de nouveau en 1946, est élu député du Cameroun par le « collège des non-citoyens », c'est-à-dire par la fraction d'indigènes éclairés à qui la République a consenti le droit de vote. Les sessions, à Paris, ne le rapprochent toutefois pas de sa famille : en instance de divorce, il veut rompre aussi avec son fils, à qui il reproche une vie dissolue et de constants besoins d'argent. Le prince pourtant, séducteur et dépensier, bien connu pour ses excès dans les soirées de la

Jet Set, est mal placé pour faire la morale à ce jeune homme qui, plusieurs fois, vient forcer sa porte et récriminer. Dans la nuit du 15 septembre 1947, c'est la confrontation de trop : le souverain abat son propre fils de deux coups de fusil !

Le crime est avéré, certain, indubitable. Mais peut-on condamner le député-prince, qui faisait partie de la délégation française à la conférence des Nations unies de San Francisco, en 1945 ? Va-t-on emprisonner un parlementaire qui, au Cameroun, constitue encore un rempart contre les indépendantistes révolutionnaires ?

Le monarque infanticide ne sera donc pas inquiété. Arrêté la nuit du meurtre, car il y a flagrant délit, il bénéficie de la liberté provisoire dès le 19 novembre 1947. Saisie d'une demande en autorisation de poursuites, l'Assemblée nationale refuse, le 6 août 1948, de lever son immunité parlementaire, interdisant ainsi toute instruction de l'affaire. Constamment réélu, le député du Cameroun deviendra même, en 1956, membre de la commission de la Justice et de la Législation, fait unique pour un meurtrier impuni ! Avec sa faconde, sa truculence, son charisme, il s'impose d'ailleurs comme l'une des figures pittoresques de la IVe République finissante.

Maître Isorni n'aura pas à le défendre, mais l'avocat de Pétain, devenu député, scrute d'un œil professionnel ce collègue étonnant qui, le 4 avril 1957, vient protester à la tribune, coiffé d'un chèche en soie noire et arborant son écharpe tricolore de député : « Le prince parlait très vite et on ne comprenait pas toujours ce qu'il voulait dire. Sa voix était menue, chantante et saccadée, ou quelquefois sifflait avant de mourir dans un murmure, et comme il ne prononçait jamais les "r", on eût dit le gazouillis charmant de quelque sombre oiseau des îles », note le grand pénaliste dans son livre de souvenirs, *Le Silence est d'or.*

« Les virtuoses de la sténographie, dressés vers lui avec leurs petites tablettes, pour recueillir ces cascatelles de mots, essayaient de prendre le possible et l'impossible, de le rendre intelligible.

556 CAMEROUN
(2ᵉ circonscription)

Photomaton

M. Alexandre DOUALA-MANGA-BELL
Groupe des indépendants d'outre-mer
Né le 3 décembre 1897 à Douala (Cameroun)
Planteur propriétaire
Député aux deux Assemblées Nationales Constituantes
Élu pour la première fois à l'Assemblée Nationale
le 10 novembre 1946
Réélu les 17 juin 1951 et 2 janvier 1956

CAMEROUN 557
(3ᵉ circonscription)

Photomaton

M. André MBIDA
Apparenté au groupe socialiste
Né en 1917 à Endinding (Saa) (Cameroun)
Agent d'affaires
Conseiller territorial
Élu pour la première fois à l'Assemblée de l'Union Française
le 10 octobre 1953
Élu pour la première fois à l'Assemblée Nationale
le 2 janvier 1956

Le prince Douala Manga Bell et son rival politique le député Mbida, accusé d'avoir des oreilles d'âne, en réminiscence de la légende du roi Midas.

« Et comme l'orateur venait à dépeindre la France vis-à-vis de ses territoires d'outre-mer, telle la mère poule qui a couvé des canetons, il se redressa à la tribune, cambré soudain comme si une plume lui avait poussé au derrière, agitant ses mains pareilles à des ailerons à hauteur de ses oreilles, marchant de long en large en imitant le cri des gallinacés : "cot, cot, cot, cot, cot, cot, cot". » Ce que *L'Officiel* traduit très exactement par : "Et la mère poule caquète : 'Qu'est-ce qui ne va pas mes enfants ?' *(Rires)* et elle s'en va en battant des ailes."

« Mais il n'y a pas que ce savoureux caquetage. Les sténographes ont restitué tout ce monologue exceptionnel, mimé d'un bout à l'autre. C'est Molière et Aristophane. Les citations se répondent – le grand prêtre Hermodore et José Maria de Heredia, Beethoven et Annibal – et le prince susurre des déclinaisons latines pleines de barbarismes. Il interpelle ses collègues, les cherche sur les gradins, tendrement les tutoie ou les fustige avec allégresse.

« "Mais, Excellence, pourquoi ricanes-tu ? Dis-moi la raison que je puisse sourire avec toi."

« Et à un autre : "À mon compatriote, mon très peu digne collègue M'bida, valet du gouvernement, je dirai tout simplement : M'bida, le roi M'bida a des oreilles d'âne." *(Rires.)*

« Enfin des mots profonds, fruits de l'expérience politique, nuancés d'humour et de scepticisme, qui semblent provenir, par on ne sait quelles voies, d'un fond des âges, des terres les plus lointaines et de la philosophie sereine des peuples enfants », conclut Isorni, sur un ton paternaliste qui n'en trahit pas moins une forme d'admiration.

Démissionnaire après ce morceau de bravoure, le prince se fait réélire dans la foulée, éprouvant la fidélité de son peuple. Il se prépare dès lors à l'indépendance du Cameroun, où il poursuivra sa carrière parlementaire jusqu'en 1965. À sa mort, le 19 septembre 1966, la République camerounaise lui rend les hommages officiels, tandis qu'au plan monarchique, en l'absence bien regrettable d'héritier direct, c'est son neveu René Douala Manga Bell qui lui succèdera jusqu'en 2012.

Et la mère poule caquète : « Qu'est-ce qui ne va pas mes enfants ?... »

Par Guillemette Odicino

LES ARISTOTRASH

Dans son cas, l'allure et la plume valent bien une particule : Lacenaire, assassin dandy, poète zigouilleur à jabot qui fit couler beaucoup d'encre, y compris la sienne. Par deux fois, le cinéma fut séduit par cet inverti en redingote qui transforma sa cellule en salon mondain et dont les propos étaient déjà des répliques de film : « Je tue un homme comme je bois un verre de vin. » Second rôle dans *Les Enfants du paradis* de Marcel Carné et Jacques Prévert en 1945, sous les traits de Marcel Herrand, il n'est pas ouvertement homosexuel – le gouvernement de Vichy ne l'aurait pas admis –, mais d'une misanthropie sans pareille. Sur le boulevard du Crime, seule Garance (Arletty) ose lui parler avec un naturel... désarmant : « Vous avez tué beaucoup de monde ces temps-ci, Pierre-François ? » Quarante-cinq ans plus tard, il décroche son biopic rien qu'à lui : *Lacenaire* de Francis Girod avec un Daniel Auteuil désabusé et rageur.

Le cinéma aime anoblir ses assassins : Barbe-Bleue, roturier très argenté d'après Charles Perrault, mais tueur de dames ô combien cinégénique, devient le comte Amédée de Salfère incarné par ce diable de Pierre Brasseur devant la caméra de Christian-Jaque en 1951. Dans leur version horrifique et follement *seventies* (*Bluebeard*, 1972), Edward Dmytryck et Luciano Sacripanti, eux, le créèrent baron. Ils donnèrent à Richard Burton une courte barbe d'un délicieux bleu lavande et une imagination débridée pour trucider chacune de ses épouses d'une manière différente !

Récupérer sa particule peut mener au crime en série et à une perle de l'humour noir britannique, dont le titre français, pour une fois, est drôlement adéquat : *Noblesse oblige* (*Kind Hearts and Coronets*, 1949) de Robert Hamer où Louis d'Ascoyne Mazzini raconte dans le détail comment il a assassiné un à un les huit membres de sa famille – tous interprétés par un seul et même acteur, Alec Guinness – afin d'hériter du titre de duc qui lui était dû.

En revanche, lorsqu'une lady du XVIIe siècle a des soucis de succession et souhaite se débarrasser de son mari, elle préfère ne pas se salir les mains et conclure un pacte avec un dessinateur dans le très pictural *Meurtre dans un jardin anglais* de Peter Greenaway en 1982.

Milady de Winter complote aussi, mais sait passer à l'acte en empoisonnant Constance Bonacieux, la dulcinée de d'Artagnan : qui n'a jamais vu Lana Turner, regard bleu et robe rouge Technicolor, dans *Les Trois Mousquetaires* de George Sidney (1948), ignore ce que noble garce signifie.

Une aristocrate hongroise met encore plus facilement la main à la pâte, surtout s'il s'agit de garder sa jeunesse : la comtesse Báthory (*La Comtesse* de Julie Delpy, 2010) trucide toutes les jeunes vierges à des kilomètres à la ronde autour de son château pour se plonger, au sens propre, dans un bain de sang. Cela change du lait d'ânesse…

De la « Comtesse sanglante », il n'y a qu'un pas vers Dracula et… deux cents films. Un veinard, ce comte des Carpates né de la plume de Bram Stocker en 1897, puisqu'il reste l'un des personnages les plus incarnés depuis le temps du muet ; impossible de parler, de toute manière, tout en suçant une jugulaire… Ses plus célèbres interprètes restent Bela Lugosi (*Dracula* de Tod Browning, 1931), qui fut enterré avec sa cape, et Christopher Lee, auquel le rôle colla à la mâchoire pendant vingt ans et dix films après *Le Cauchemar de Dracula* de Terence Fischer en 1958. Terminons par le meilleur, celui dont l'ombre sur le mur est une universelle invitation au cauchemar et dont les longues mains blêmes mettraient mal à l'aise Hannibal Lecter lui-même : *Nosferatu le vampire*, créé en 1922 par Friedrich Wilhelm Murnau à partir du personnage de Stoker sans l'autorisation de ses héritiers. Murnau eut beau rebaptiser son héros le comte Orlok, la veuve du romancier l'attaqua en justice et gagna : toutes les copies du film devaient être détruites. Jugement qui, par bonheur, ne fut pas appliqué, et ce chef-d'œuvre de l'expressionniste allemand fut visible dans le monde au début des années 1930. Un aristo mort-vivant, suceur de sang et chauve : de quoi faire trembler le bourgeois pour l'éternité.

MŒURS

LE MARQUIS DE SADE, LIBERTIN SANS LIBERTÉ

Frédéric Chef

Peu d'individus peuvent se targuer d'avoir laissé leur nom au tableau des pathologies psychiatriques. Le « sadisme » évoque une « maladie mentale qui pousse à prendre du plaisir en faisant ou en voyant souffrir quelqu'un ». Le Pr Krafft-Ebing a popularisé le terme dans sa *Psychopathia sexualis*, parue en 1886, qui analyse les perversions sexuelles. Le « divin marquis » doit la sulfureuse renommée qui l'entoure aux emprisonnements qu'il subit, ainsi qu'au halo de mystère et de scandales qui entoure une œuvre littéraire longtemps interdite par les censeurs de tout poil. D. A. F. de Sade, c'est l'emmuré vivant tel que l'a peint Man Ray dans son *Portrait imaginaire*. Anathème, érotisme, violence, athéisme et cruauté nimbent la postérité de « cet esprit le plus libre qui ait encore jamais existé », selon les mots d'Apollinaire.

Héritier de la maison de Sade, né à Paris en 1740 au sein d'une des plus vieilles familles de Provence, seigneur de Saumane et de La Coste, il reçoit le titre de marquis, courtoisie en usage dans la famille. Convaincu d'appartenir à une race supérieure, Donatien se révèle très tôt despotique et violent. Capitaine du régiment Bourgogne cavalerie, il est « fort dérangé, mais fort brave ». Il prend part à la guerre de Sept Ans contre la Prusse et fréquente concurremment les maisons de proxénètes, les coulisses des théâtres. Il joue et donne dans la débauche. Sa famille cherche une riche héritière pour se débarrasser d'un rejeton capable de « faire toutes sortes de sottises ».

Peu après son mariage avec Renée-Pélagie de Montreuil, union qui ne l'empêche pas de fréquenter les bordels, il est arrêté le 29 octobre 1763 dans sa garçonnière de la rue Mouffetard et enfermé aussitôt, sur ordre du roi, au donjon de Vincennes pour « débauche outrée ». Chef d'accusation ? Une prostituée occasionnelle n'a pas particulièrement apprécié sa pratique du « ficelage », ni les jeux blasphématoires du marquis. On ne parle pas encore de « sadisme », mais d'algolagnie s'agissant de cette Jeanne Testard fouettée sans merci et qui éprouve aux dépens de sa peau la perversion d'un esprit dérangé. Assigné à résidence chez ses beaux-parents, le marquis échappe à une condamnation, sur intervention de son frère abbé. L'affaire est étouffée.

Cinq ans plus tard, pourtant, le nom des Sade alimente encore la rumeur publique, suite à l'affaire d'Arcueil. Rien de littéraire pour autant. Mais le roman sadien s'écrit dans l'existence ordinaire avant de s'enrouler sous la plume d'oie. Le jour de Pâques 1768, on apprend qu'un marquis vient d'abuser d'une mendiante détournée du droit chemin. L'aristocrate, comme à son habitude, ramasse des pauvresses sur le pavé, prostituées souvent, pour les embarquer dans ses orgies spéciales. Marthe Keller n'a-t-elle pas été attachée, flagellée avec un fouet à nœuds, incisée avec un canif, ses blessures enduites de cire brûlante ? Contrainte et menacée d'égorgement si elle bronche, puis enfermée, la malheureuse doit son salut à des consœurs qui la libèrent.

La réputation de Sade est faite. L'écrivain Restif de la Bretonne accentuera les traits en évoquant une séance de vivisection. Le procès déchaîne la haine publique contre cette « folle flagellation en dérision de la Passion ». Beaucoup de bruit pour une fessée… Les relations familiales obtiennent le retrait de la plainte à grand renfort de monnaie sonnante et trébuchante. Le roi signe une lettre d'abolition de la condamnation « pour le restant de ses jours ». Six mois fermes, tout de même, et séjour au château de La Coste pour se refaire.

Le marquis refait parler de lui à Marseille en 1772, le démon de la luxure épicée l'agitant toujours. Donatien propose à ses partenaires sexuelles des pastilles cantharidées au cours d'une « soirée de Cythère ». Deux filles se croient empoisonnées, deux autres sont malades. Les demoiselles ont pratiqué douloureusement le « jeu de la Vénus inverse ». La condamnation par contumace du parlement de Provence est cette fois-ci la peine de mort pour empoisonnement – les aphrodisiaques considérés comme un poison – et sodomie, la « jouissance par derrière » ayant été avouée par le valet. On ne rigole plus. Sade s'enfuit en Italie, déguisé en curé, avec sa maîtresse, échappe plusieurs fois aux foudres des poursuivants, dont la famille Sade qui finit par le lâcher. Au moment de l'absolution définitive de ses errements, il récidive et, de nouveau, joue du canif sur des fillettes, y pratiquant des boutonnières.

Le « démon noir » est incarcéré à Vincennes le 13 février 1777, sur une lettre de cachet obtenue à l'instigation de sa belle-mère : du moins lui évite-t-elle l'exécution. « En prison entre un homme, il en sort un écrivain », selon Simone de Beauvoir. Commence alors la gestation d'une œuvre colossale par le volume, ahurissante par les qualités. Le marquis opère la sublimation de ses fantasmes, ainsi qu'il l'écrit : « Vous avez imaginé faire merveille, je le parierais, en me réduisant à une abstinence atroce sur le péché de la chair. Eh bien, vous vous êtes trompés : vous avez échauffé ma tête, vous m'avez fait former des fantômes qu'il faudra que je réalise. »

Enfermé, il entreprend par exemple la rédaction des *Cent vingt journées de Sodome*, « gigantesque catalogue des perversions », selon Jean Paulhan, puis accouche d'une kyrielle de récits dont *Les Infortunes de la vertu*, roman pornographique clandestin. Les censeurs perçoivent que la subversion l'emporte largement sur l'érotisme. Sade voit ses œuvres traquées, interdites, brûlées. À Vincennes et à la Bastille, d'où il est libéré un soir de liesse révolutionnaire en 1789, Sade a subi quatorze années d'emprisonnement. En 1803, « dans un état perpétuel de démence libertine », l'obsédé sexuel incurable est interné à Charenton. La police y saisit en 1807 *Les Journées de Florbelle*, « dix volumes d'atrocités, de blasphèmes, de scélératesse, allant au-delà des horreurs de *Justine* et de *Juliette* », écrit le préfet Dubois à son ministre Fouché.

Sade décède en 1814 après avoir passé quatorze ans chez les fous. La publication de ses textes fait encore l'objet d'un procès en 1957 : Jean-Jacques Pauvert, l'éditeur, encourt « la confiscation et la destruction des ouvrages saisis ». Au format de poche, disponible partout aujourd'hui, l'œuvre du divin marquis n'a rien perdu de sa superbe.

BARONNE PROXÉNÈTE ET COMTESSES PROSTITUÉES

Bruno Fuligni

Le 11 janvier 1873, le commissaire Macé, futur chef de la Sûreté, prend d'assaut avec ses hommes le coquet hôtel particulier de la baronne Strausack, 21 *bis*, rue de Suresnes, à Paris. Dans ce tranquille quartier de la Madeleine, l'irruption de la police ne manque pas de susciter cris et bruissements de jupons, car c'est une maison de rendez-vous clandestine qui est ainsi visée.

« À son arrivée dans l'hôtel, M. Macé constata la présence de plusieurs femmes richement vêtues et, lorsqu'il déclina sa qualité, un désarroi général s'ensuivit : les femmes fuyaient de tous côtés, elles se cachaient derrière les tentures et même jusque dans les cabinets d'aisances ; mais les issues avaient été préalablement gardées et toute évasion avait été rendue impossible », indique l'éditeur de *L'Affaire de la rue de Suresnes*, une brochure reprenant les comptes rendus d'audience. Car cette descente mémorable débouche sur un procès retentissant, au tribunal correctionnel, du 20 au 22 février 1873. « Ah ! c'est qu'on a annoncé de piquants scandales : une centaine de femmes du monde, a-t-on dit tout d'abord, sont compromises dans l'affaire », rumeur suscitant « la chasse aux cartes d'entrée, la plus vertigineuse qu'on ait jamais vue au Palais, de mémoire de cause célèbre ; toutes les influences sont sollicitées : magistrats, avocats, greffiers, employés du greffe, du parquet, gardiens du Palais, garçons d'audience, tout le monde est harcelé et ne sait à qui répondre ».

Le Tout-Paris des curieux en sera pour ses frais : condamnée à treize mois d'emprisonnement et à trois cents francs d'amende pour « proxénétisme et excitation de mineures à la débauche », la « femme Strausack » n'a pas plus droit au titre de baronne que ses complices, les veuves Rondy et Brocard. Quant aux belles dames qui font commerce de leurs charmes, les plus titrées ne paraîtront pas à l'audience.

Pour les identifier, il faut ouvrir le registre des femmes galantes que tient la préfecture de police à la même époque. Publié par Gabrielle Houbre, ce *Livre des courtisanes* est aujourd'hui accessible à tous : il contient de nombreux patronymes d'apparence nobiliaire, mais les petites dames savaient l'attrait de tels noms de guerre sur leur clientèle bourgeoise et il importe de distinguer le vrai du faux. Ainsi, l'appétissante Berthe de Roquemort s'appelle en réalité Berthe Legros. Delphine de Lisy, de son vrai nom Guillet, est fille d'une lingère : après avoir ruiné plusieurs amants, dont l'un a tenté de se brûler la cervelle, elle se retire à Monaco en décembre 1875. L'élégante hétaïre connue sous le nom de « princesse de Massloff » n'est que l'ancienne maîtresse du Russe ainsi blasonné : les vieux marcheurs savent bien qu'il s'agit de Marie-Rose Formigé, ex-vedette du Théâtre lyrique sous le nom de Formi. Berthe de Massy, pour qui un jeune gandin s'est endetté à hauteur de cent mille francs-or, n'est autre qu'Adèle Bataille, fille d'un horloger-bijoutier. Lisette de Moussy, passée à seize ans du pensionnat à la vie galante, se nomme Élise Duval et pillait les appartements inoccupés pendant le siège de Paris. La très chère Valtesse de La Bigne n'est qu'une plébéienne Lucie Lebigne, tout comme la spectaculaire Cléopâtre de Charny a pour état civil Marie Dubreuil : son père tenait un restaurant bon marché, à l'enseigne de *La Colombe fidèle*…

La marquise de Castillon est née Marx, dans une famille de maquignons juifs : son titre, pourtant, est authentique, car son amant le marquis, qui avait gagné ses faveurs aux cartes contre son premier mari, l'a épousée à l'article de la mort, après une chute de cheval.

De même, Adèle Chalot, fille d'un photographe, a réussi à mener le comte de Soulanges à l'autel : malgré la prompte séparation du couple, c'est parée de son titre de comtesse et de sa particule qu'elle se vend au plus offrant, se disant encore filleule du duc de Chartres.

En concurrence avec ces quartiers de noblesse usurpés ou mal acquis, le registre signale aussi de véritables filles de bonne famille qu'un revers de fortune a jetées dans la courtisanerie, comme la comtesse de L'Estang, la comtesse de Rougé, veuve d'un conseiller d'État, arrêtée pour proxénétisme, ou encore Mmes Beaumont de Lalande mère et fille, surnommées « les baronnes » dans le milieu de la galanterie. La comtesse de Beyren, libertine de race qui se fait photographier nue, le visage dissimulé sous un loup de satin noir, est disponible pour des parties fines : l'ambassadeur du Danemark a payé cinq cents francs une « relation intime ». La vicomtesse de La Poëze, ancienne dame d'honneur de l'impératrice, gagne quelques louis dans les bras du sieur Dubosc, rentier, mais son fils le vicomte se ruine auprès d'une grue hongroise de basse extraction…

Ces comtesses prostituées sont appréciées pour leur éducation, leur conversation brillante, et certaines n'oublient pas complètement les obligations qui incombent à leur rang. Si Blanche de Lubersac est une dévergondée qui officie par vice, Marie de Juvisy cumule au métier de courtisane les fonctions de chanoinesse… Plus pieuse encore, Mlle de Beaulieu, fille d'un colonel, s'est entichée d'un M. Lechevalier, « lequel lui a appris toutes les saletés imaginables ». Elle accepte tous les rendez-vous, chez elle ou dans des maisons de passe, et pourtant, « malgré sa dépravation », elle est dame-patronnesse : « Au mois de mars 1872, elle a été nommée trésorière de la vente de charité tenue à l'hôtel de Vicence, 67 rue Saint-Lazare, vente qui était faite au profit de l'école gratuite des sœurs de la rue Chaptal. »

Blanche de Hurelle, moins religieuse, se fait surtout connaître pour ses pratiques superstitieuses, apprises d'une sorcière bretonne : « Dernièrement, elle était dans une maison de rendez-vous, et comme il ne venait pas de messieurs, elle profita d'un moment où on l'avait laissée seule pour faire flamber un tas de papiers sur un tapis, puis elle se plaça au-dessus, après avoir retroussé ses jupons, jusqu'à la ceinture.

« On la surprit dans cette position, et elle avoua que chaque fois qu'elle avait besoin d'argent, elle agissait ainsi, attendu que lorsqu'elle parvenait à faire entrer de la fumée de papier enflammé dans ses parties génitales, cela lui portait bonheur et qu'elle était alors certaine de b… avant la fin de la journée, par conséquent de gagner de l'argent. »

ANOBLIS PAR LE CRIME

Cette relative abondance de princes, ducs, comtes, marquis, barons et autres chevaliers du poignard dans les annales du crime n'est pas restée sans effets sur la plèbe des assassins.

Dès le XVIIIe siècle, de parfaits roturiers se donnent des airs aristocratiques dans l'accomplissement de leurs méfaits, tel Gaspard Bouis, brigand provençal, qui se fait appeler « Gaspard de Besse ». Chapeauté, botté haut, portant l'épée, il n'a pas son pareil pour détrousser avec élégance, et ses coups de main audacieux ont en effet quelque chose de chevaleresque. Point de château pourtant : il dort dans sa grotte de l'Estérel, repaire farouche qui ne l'empêchera pas de périr sur la roue en 1781.

Parmi ces bourgeois gentilshommes du crime, citons l'inévitable Lacenaire, ses beaux habits, ses poèmes, ses mots d'esprit, et d'autres guillotinés du XIXe siècle, comme Campi le Chourineur, qui n'a jamais révélé sa véritable identité, laissant croire qu'il protégeait la réputation d'une noble famille,

ou encore Louis Anastay, officier, assassin de sa maîtresse : « Bonjour messieurs, faites votre devoir ! » lance-t-il au bourreau et à ses aides, avec la plus parfaite urbanité, le matin de son exécution, le 9 avril 1892.

Le fin du fin consiste bien sûr à obtenir un titre de noblesse à raison même de ses crimes, ce qu'obtinrent de la monarchie britannique quelques forbans véritables : le pirate Morgan par exemple, anobli et nommé gouverneur de la Jamaïque, ou bien, au XXe siècle, l'énigmatique Basil Zaharoff, vrai voyou de Constantinople, espion et trafiquant d'armes, dont les services inavouables et l'efficacité furent récompensés du prédicat de « sir ».

À cette dernière catégorie se rattache aussi Meg Steinheil, la maîtresse fatale du président Félix Faure, accusée en 1908 d'avoir fait assassiner son mari : à l'issue d'un procès sensationnel qui se solde par son acquittement, elle est demandée en mariage par un aristocrate britannique et c'est ainsi que la « Veuve rouge » de la presse à scandale se métamorphose en l'estimable lady Scarlett Abinger… Mais cette dernière relève déjà du prochain numéro de Folle Histoire, *consacré aux grandes hystériques : rendez-vous dans trois mois !*

LA BANDE

Folle Histoire paraîtra tous les trois mois, sous la direction de **Bruno Fuligni** : sous ses dehors respectables de haut fonctionnaire et de maître de conférences à Sciences Po, ce dangereux personnage a publié dix-huit livres sur l'histoire politique et policière française, dont *Les Frasques de la Belle Époque* (Albin Michel) et *Tour du monde des terres françaises oubliées* (Éditions du Trésor). Après avoir dirigé *Dans les secrets de la police* et *Dans les archives inédites des services secrets* (L'Iconoclaste), il vient de publier *Secrets d'État* chez le même éditeur. Ses complices sont connus et identifiés :

David Alliot, né en 1973, travaille dans l'édition. Il est l'un des meilleurs spécialistes de l'écrivain Louis-Ferdinand Céline et du poète martiniquais Aimé Césaire. Fin connaisseur des activités interlopes sous l'Occupation, il est l'auteur du livre *Le Festin des loups. Collabos, profiteurs et opportunistes sous l'Occupation* (Vuibert).

Philippe Charlier est médecin légiste et anthropologue. Né en 1977, ce maître de conférences des universités et praticien hospitalier (UVSQ/AP-HP) s'intéresse aux représentations du corps humain et à l'évolution des pratiques autopsiques et médico-légales. Il vient de publier une anthologie de son modèle le Dr Cabanès, *Comment le roi guérit de sa fistule et autres indiscrétions d'un médecin de l'histoire* (Vuibert).

Frédéric Chef est né à Langres en 1967. Professeur de lettres, il est notamment le scénariste de la bande dessinée *Villain, l'homme qui tua Jaurès* (Altercomics). Il a participé à l'ouvrage collectif *La Tortue d'Eschyle et autres morts stupides de l'Histoire* (Les Arènes). Il est l'auteur de *Les Ardennes en zigzags* (Le Pythagore).

Philippe Di Folco, écrivain et scénariste, est l'auteur de la première biographie du financier cryptarque Jacques Lebaudy, *L'Empereur du Sahara* (Galaade). Avec Yves Stavridès, il vient de publier *Criminels* (Sonatine).

Matthieu Frachon, né en 1967, ex-grand reporter, est professeur à l'École supérieure de journalisme de Paris. Auteur de plusieurs ouvrages sur l'histoire de la police, il vient de publier *Antigang, 50 ans d'Histoire* (Pygmalion).

Bruno Léandri, né en 1951 à Courbevoie, écrivain, chroniqueur et scénariste, longtemps collaborateur du mensuel *Fluide glacial*, est l'auteur entre autres de la *Grande encyclopédie du dérisoire* (cinq tomes parus).

Guillemette Odicino, journaliste et critique de cinéma à *Télérama* depuis bientôt quinze ans, a aussi été, entre autres, chroniqueuse radio à Europe 1 et France Inter, ainsi que sur Canal Plus dans *Le Crash Test* ou sur France 2 dans l'émission *Seriez-vous un bon expert ?* Elle continue d'aller où sa passion du cinéma et sa gourmandise générale la portent.

Clémentine Portier-Kaltenbach, journaliste et historienne, chroniqueuse multirécidiviste, est l'auteur d'*Histoires d'os et autres illustres abattis* (Lattès), des *Grands Z'héros de l'Histoire de France* (Lattès), prix Du Guesclin du livre d'Histoire, et des *Secrets de Paris* (Vuibert).

Claude Quétel, historien, directeur de recherche honoraire au CNRS, est l'auteur de nombreux ouvrages parmi lesquels, en 2011, *Le Canapé de Beria. Mémoires d'un chasseur d'objets* (Lattès). Il vient de publier *L'Effrayant Docteur Petiot. Fou ou coupable ?* (Perrin).

Franck Sénateur, né en 1960, enseignant, est passionné d'histoire sociale et a créé en 1999 Fatalitas, l'Association pour l'histoire et l'étude des établissements pénitentiaires de métropole et d'outre-mer, dont il est actuellement le président. Membre du comité scientifique du musée de Saint-Laurent-du-Maroni, il a pris part à de nombreuses expositions, conférences et publications, comme *Martinière, le transport des forçats* (Marines Éditions).

Marieke Stein, maître de conférences en sciences de l'information et de la communication à l'université de Lorraine, docteur ès lettres, spécialiste de l'œuvre politique de Victor Hugo, est passionnée par l'histoire du XIXe siècle. Elle a publié *Victor Hugo, l'universel* (La Documentation française) et *Victor Hugo journaliste* (Garnier-Flammarion).

Les dessins sont de **Daniel Casanave**.

TABLE

CHAPITRE 1
LE GOTHA DES ASSASSINS

CHAPITRE II
L'ARMORIAL DES ESCROCS

L'objet

CHAPITRE III
GENTILSHOMMES BAGNARDS

Le mythe

CHAPITRE IV
LES GRANDS SAIGNEURS

La caricature

CHAPITRE V
LES PRIVILÉGIÉS DE LA JUSTICE

La filmographie

Mœurs

À paraître en janvier

Folle Histoire
n° 2

Les Grandes Hystériques

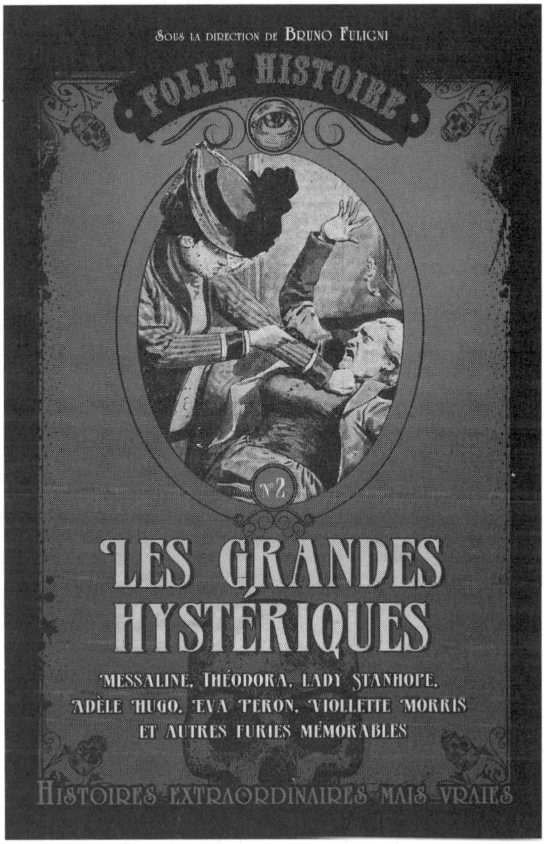

Tous les trois mois, en librairie,
Folle Histoire
revient sur les affaires oubliées
et les personnages extraordinaires du passé.

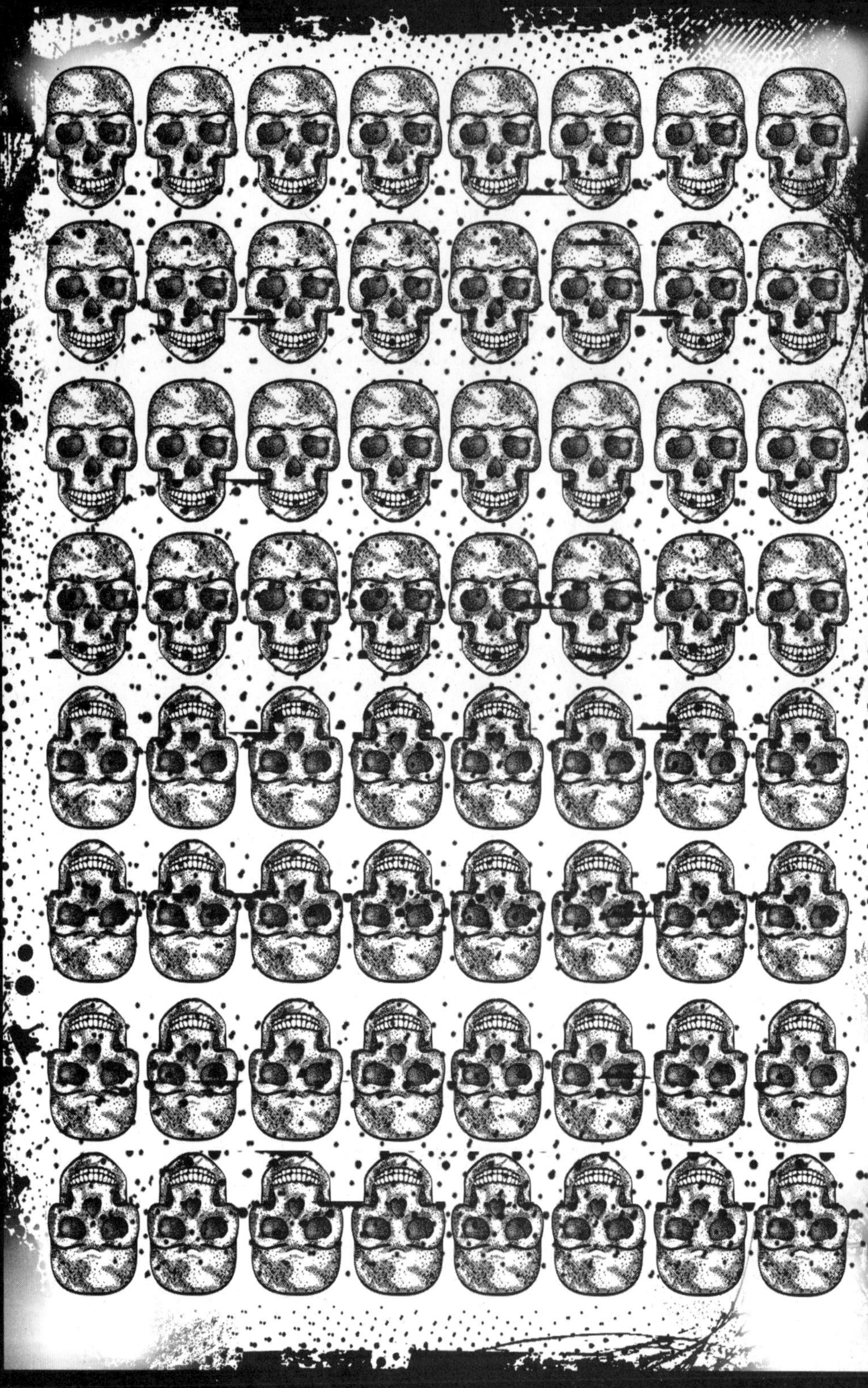